Die
Neuburg / Schellenburg bei Lenggries

2023

Bibliografische Information der Deutschen Nationalbibliothek:
Die Deutsche Nationalbibliothek verzeichnet diese Publikation
in der Deutschen Nationalbibliografie; detaillierte
bibliografische Daten sind im Internet über dnb.dnb.de
abrufbar.

© 2023 Florian Scheitler, Toni Benz
Grafiken: Florian Scheitler
2. (leicht verbesserte) Auflage 2024

Herstellung und Verlag: BoD – Books on Demand,
Norderstedt

ISBN: 978-3-757-85445-4

Inhaltsverzeichnis

Allgemeines Vorwort

Mit diesem Büchlein wollen wir die bisher wenig beachtete Neuburg / Schellenburg im Isarwinkel genauer betrachten und versuchen etwas mehr Licht ‚ins Dunkel' dieser Burg zu bringen.

Im ersten Abschnitt erfolgt zuerst die Beschreibung und Bestandsaufnahme der Ruine, um dann unter Berücksichtigung der historischen Einordnung einen Rekonstruktionsversuch mit moderner Software für 3D-Visualisierung zu wagen.

Der zweite Abschnitt widmet sich den Nachforschungen über mögliche Besitzer der Burg und den aktuell gebräuchlichen Namen ‚Schellenburg'. Anscheinend ist die Bezeichnung ‚Neuburg' älter und fundierter als die Bezeichnung ‚Schellenburg'.

Florian Scheitler und Toni Benz

August 2023

Neuburg im Isarwinkel - Bestandsaufnahme und Rekonstruktion

Florian Scheitler

1. Einführung

Selbst viele Lenggrieser wissen gar nicht mehr, dass es im heutigen Gemeindegebiet von Lenggries einst nicht nur die Hohenburg, sondern noch eine zweite Burg gab. Von denen, die schon einmal davon gehört haben, wissen auch nur wenige wo diese zweite, ehemalige Burg zu finden sein könnte. Zeit etwas mehr Licht ins Dunkel zu bringen.

Diese zweite Burg, heute oft Schellenburg genannt, historisch schlicht als Neuburg bezeichnet, befand sich oberhalb des Ortsteils Untermurbach auf einem Bergausläufer des Braunecks im westlichen Isarwinkel. Details dazu werden in den folgenden Kapiteln aufgezeigt. Beginnen wir unsere kleine Reise aber zuerst mit einem Blick in die bisherige Literatur:

In der bisherigen Literatur findet sich relativ wenig über die Neuburg. Von allen Autoren, die die Neuburg erwähnen, waren vermutlich nur zwei Personen selbst vor Ort: Asanger und Katzameyer. Alle anderen beziehen sich auf vorausgegangene Publikationen und / oder sprechen nur über die vermeintlichen Besitzer und deren Genealogie.

So wird die Burg zwar zum Beispiel in Werner Meyers „Burgen in Oberbayern" aufgeführt, inhaltlich findet sich dort aber absolut gar nichts zur Burg oder Ruine. Stattdessen nennt Meyer ein paar wenige urkundliche Erwähnungen von Personen mit dem Zunamen Schellenberg.[1] Genau so verhält es sich auch in Westermayers „Chronik der Burg und des Marktes Tölz". Zur Burg heißt es dort nur, dass sie gegenüber der Hohenburg lag. Ansonsten beschreibt er ausführlich und phantasievoll die vermeintlichen genealogischen Zusammenhänge der Schellenberger, bis hin zu einem

---

[1] Meyer (1986): S. 46-47

mythologischen Vorfahren, der Mitglied der Tafelrunde von Karl dem Großen gewesen sein soll.[2] Diesen Gedankengängen folgt auch Büchel in seiner „Geschichte der Herren von Schellenberg", in der er immer wieder auf Westermayer verweist.[3]

Glonner schreibt in seiner Chronik der Hofmark Hohenburg: *„Die Erscheinung dieses Bergvorsprungs läßt auch das wirkliche Bestandhaben einer Burg nicht bezweifeln; wiewohl hiefür kein weiterer Beweis beigebracht werden kann."* Er war also selbst nicht vor Ort, sonst hätte er die offensichtlichen Mauerreste erkannt. Ansonsten greift Glonner die Deutungen Westermayers zur Genealogie und dem Namen der Burg auf und fügt noch hinzu, dass die hinter dem Pföderlbauern gelegene Burg, *„Isarburg"* genannt worden sein soll. Kurz erwähnt er auch den in lokalen Sagen „überlieferten" Geheimgang zwischen Hohenburg und Neuburg.[4] [5] Solche oder ähnliche Geschichten über Geheimgänge erzählt man sich fast überall wo es zwei Burgen in unmittelbarer Nähe gibt. So gut wie nirgends ist eine solche Geschichte wahr, was jedem schon nach einem kurzen Fakten-Check klar werden dürfte:

- Luftlinie Neuburg – Hohenburg: 2,3 km
- Querung der Isar!
- Höhenunterschied Neuburg - Isarbett: > 100 hm
- Höhenunterschied Isarbett – Hohenburg: ca. 70 hm

Tatsächlich existierende Flucht- und Verbindungstunnel sind wesentlich kürzer und in der Regel nur knapp unter der Oberfläche. Sie wurden wohl im Tagebau angelegt.

---

[2] Westermayer (1871): S. 39-41
[3] Büchel (1907): S. 8-18
[4] Glonner (1867): S. 12{41}; 27{56}; 33f{62f}
[5] Schinzel-Penth (2016): S. 45

Soll heißen, dass ein Graben gegraben wurde, der dann stabilisiert und abgedeckt wurde (vgl. Moosburg[6]).

In Georg Paulas Aufstellung über die Denkmäler im Landkreis Bad Tölz-Wolfratshausen finden sich schließlich knappe, aber detaillierte Beschreibungen der Ruine und ihres Umfelds, zusammen mit dem Hinweis, dass die Bezeichnung als „Schellenburg" erst seit dem 19. Jahrhundert ein gängiger Begriff sei.[7] Diese Beschreibung ähnelt sehr der Beschreibung von Katzameyer in der Lenggrieser Ortschronik von 1989. Es ist daher anzunehmen, dass auch Paula nicht selbst vor Ort war, sondern die Ruinenbeschreibung von Katzameyer geschrieben wurde, zumal dieser auch einen längeren Beitrag über die Geschichte des Isarwinkels, zu Beginn des Buches, beigetragen hat.

Katzameyers Beitrag in der Lenggrieser Ortschronik ist die bisher umfangreichste Arbeit über die Neuburg und ihre geschichtliche Einordnung. Nicht nur liefert er detaillierte Beschreibungen der Ruine und des Burgbergs, sondern veranschaulicht das Vorgefundene auch mittels eines handgezeichneten Grundrisses und einer auf diesem basierenden Rekonstruktionszeichnung von Asanger. Der Grundriss ist allerdings stark vereinfacht und die Rekonstruktionszeichnung zeigt einen sehr hohen, schlanken Turm mitten im Wald, was eher als Überblendung der heutigen Bewuchssituation mit einer symbolischen Burg zu verstehen ist. Weiter nennt Katzameyer alle urkundlichen Erwähnungen der Neuburg, die er finden konnte und mutmaßt, dass die Neuburg und beträchtliche Teile des Landes westlich der Isar aus dem Besitz der Hohenburger, nach deren

---

[6] Merkur (28.03.2014): Bahnhofstrassee Moosburg: Geheimer Fluchtweg zum Schloss ausgegraben. https://www.merkur.de/lokales/freising/bahnhofstrassee-moosburg-geheimer-fluchtweg-schloss-ausgegraben-3441773.html [01.03.2023]

[7] Paula (1994): S. 382 und 424

Aussterben, an das Kloster Tegernsee gekommen sein könnten. Zuletzt meint er, die Bezeichnung der Neuburg im Isarwinkel als „Schellenburg" sei eine Erfindung von Westermayer und dieser *„bringt keinen einzigen Beweis"* dafür. Denn in den Urkunden sei nur der Name Neuburg (als Tegernseer Amt) belegt.[8]

Die jüngsten Publikationen, in denen das Thema Neuburg zumindest kurz gestreift wird, haben keine weiteren Ergänzungen zum bereits oben Dargestellten und beziehen sich lediglich auf diese vorausgegangen Veröffentlichungen.[9]

Was wusste man also bisher über die mysteriöse Burg beim Pföderlbauern im Isarwinkel?
Kurz zusammengefasst:

1. Es gab eine Burg auf dem Bergausläufer; Geringe Überreste bezeugen dies.

2. Spätestens ab dem 13. Jhd. gab es ein Tegernseer Amt mit dem Namen Neuburg im Isarwinkel.

Diese sehr dünne Informationslage, gepaart mit vielen unterschiedlichen Vermutungen und Deutungen, veranlasst zu weiteren Nachforschungen. Dazu erfolgten mehrfache Geländebegehungen, besonders im Winter und Frühjahr, denn dann ist die Vegetation noch nicht so stark oder noch vom Schnee platt gedrückt. Dadurch sind Erhebungen, Vertiefungen etc. besser zu erkennen. Die Untersuchungen vor Ort wurden ergänzt mit der Analyse der vom Landesamt für Digitalisierung, Breitband und Vermessung online bereitgestellten Reliefkarte und der historischen Karten im Bayernatlas.[10] Am ergiebigsten entpuppten sich aber die 3D-

---

[8] Katzameyer (1989): S. 76-80
[9] Ulrich (2001): S. 67; Bammer (2007): S. 23
[10] Siehe: geoportal.bayern.de/bayernatlas

Geländedaten, die der Reliefkarte zugrunde liegen und die man über das Vermessungsamt beziehen kann. Mit der entsprechenden Software hat man die Möglichkeit, die virtuellen Geländedaten von allen erdenklichen Blickwinkeln und Entfernungen zu betrachten. Dazu kommt noch die Möglichkeit den Lichteinfall künstlich zu verändern und so auch Richtungen auszuleuchten, aus denen eigentlich keine Sonne auf das Gelände scheinen würde. Dadurch fallen Geländebesonderheiten auf, die weder in Reliefkarten (nur Draufsicht) noch im Gelände (Bewuchs, beschränkte Blickwinkel aus Bodennähe) jemals sichtbar wären.

Die Ergebnisse dieser neuerlichen Nachforschungen sollen im Folgenden aufgezeigt und dokumentiert werden.

Doch zuvor soll noch auf die Namensproblematik eingegangen werden. Denn für eine Burg, von der so wenig bekannt ist, geistern erstaunlich viele unterschiedliche Bezeichnungen herum.

2. Eine Burg, ein Name?

In Landkarten blieb auf dem Bergrücken, am Standort der ehemaligen Burg, nur der Flurname **In der Burg** erhalten. Manche bezeichnen die Ruine als **Pföderlburg**, da sie sich auf dem Grundstück des Pföderlbauern befindet. Nach Glonner soll auch der Name **Isarburg** gebräuchlich gewesen sein.[11] Unterhalb des Bergrückens findet man in Landkarten heutzutage außerdem den Straßen- und Ortsteilnamen **Schellenburg**. Diese Bezeichnung alleine bedeutet allerdings nicht, dass die Burg, als sie noch intakt war, wirklich jemals Schellenburg genannt wurde. Denn die „Mehrzahl der in den amtlichen Unterlagen (Kataster, Grundbuchsachregister, Flurplan) verzeichneten und im 20. Jahrhundert noch mündlich gebrauchten Flurnamen wurde [...] in der Neuzeit geprägt."[12] Zumindest seit Westermayers Chronik von Tölz von 1871 scheint sich der Name Schellenburg durchgesetzt zu haben. Daher wurde der bis dahin Untermurbach genannte Ortsteil, um 1960 herum, in Schellenburg umbenannt.[13]

Ist die Bezeichnung als Schellenburg nun wirklich nur eine Erfindung von Westermayer, wie Katzameyer vermutet, oder steckt mehr dahinter?

Als historisch gesichert kann jedenfalls nur der Name **Neuburg** gelten. Spätestens seit 1289 gibt es ein Tegernseer Amt im Isarwinkel mit diesem Namen.[14]

Bezieht sich der Name Neuburg auf eine Burg, die an Stelle einer älteren, möglicherweise zerstörten Vorgängeranlage wieder errichtet wurde? Bezeichnet Neuburg eine Burg, die im Isarwinkel die jüngere ist, im

---

[11] Glonner (1867): S. 12{41}
[12] Bauer (2001): S. 358-361
[13] Erinnerung von Kathi Tretter, geb. Pföderl
[14] Holzfurtner (1985): S. 127

Gegensatz zur älteren Hohenburg? Oder meint Neuburg einfach nur die neu errichtete Burg eines Erbauers, der bereits an anderer Stelle eine oder mehrere Burgen bewohnt oder besessen hat? – Quasi einen modernen Zweitwohnsitz. War dieser Erbauer ein Hohenburger oder ein Schellenberger oder jemand ganz anderes? Dieser Thematik hat sich Benz in den Kapiteln 10.6 bis 12 angenommen.

Abb. 1 Kartenausschnitt mit Flur und Straßennamen (Landesamt für Digitalisierung, Breitband und Vermessung)

In der Anmerkung zu seiner Tegernseer Tradition 216 stellt Peter Acht zur Diskussion, dass der alte Name der Neuburg **Reginried** gewesen sein könnte.[15] Aktuell halten allerdings die meisten Autoren Reginried für den alten Namen von Tölz beziehungsweise für einen im heutigen Tölz aufgegangen Ortsteil.

Da Neuburg der historisch belegte Name ist, wird auch im weiteren Verlauf dieses Beitrags dieser Name verwendet. In wie weit dennoch der Name Schellenburg zu rechtfertig ist, wird sich im Beitrag von Benz zeigen.

---

[15] Acht (1952): S. 168-169

3. Die Ruine

3.1. Lage und Gelände

Die Ruine der Neuburg liegt auf dem östlichen Sporngipfel eines nach Osten in das Isartal hineinreichenden Ausläufers des Braunecks bzw. Waxensteins. Sie befindet sich direkt gegenüber der Hohenburg, welche ihrerseits auf einem westlichen Ausläufer des Geiersteins errichtet wurde. Zusammen bilden diese beiden Bergausläufer eine natürliche Engstelle im Isarwinkel und teilen das Tal zwischen Lenggries im Norden und Anger und Wegscheid im Süden.

Die Lage der Ruine ist zwar in Karten verzeichnet, sie zu finden und zu ihr zu gelangen ist aber nicht ganz einfach. Die ehemalige Burg bzw. das, was von ihr übrig ist, ist heutzutage noch schwerer zu erreichen als damals, als die Burg noch intakt war. Denn Wege dorthin gibt es nicht (mehr); nicht einmal einen Holzweg oder einen Jägersteig. Von allen Seiten müsste man sich im sehr steilen Gelände durch teilweise äußerst dichtes Unterholz kämpfen. Im Norden und Osten steigt das Gelände vom Fuß des Bergausläufers bis hinauf zum Kamm mit der Ruine mit einem Höhenunterschied von ca. 105 hm gleichmäßig steil an. Versucht man sich von Süden zu nähern steht man nach einem mühevollen Aufstieg im steilen Hang letztlich direkt unterhalb der Ruine vor einer hohen, unüberwindbaren, senkrechten Felswand, die sich noch bis weit nach Westen hinzieht.

Nimmt man den langen Weg über den westlichen Bergrücken in Kauf, steht man ebenfalls kurz vor dem Ziel vor einem Hindernis: Ein steiler Abhang führt hinab zu einem Sattel, der den Bergrücken in zwei Teile gliedert. Dieser natürliche Sattel, mit dem nach Osten wieder ansteigenden Gelände, dürfte auch einer der

Auswahlkriterien für diesen Burgplatz auf dem östlichen Sporn gewesen sein. Dazu später mehr (Kapitel 4).

*Abb. 2 **oben:** Blick auf den Burgberg von Nord-Ost; **unten:** Blick von Süd-West; ohne Vegetation; basierend auf einem digitalen Geländescan (Landesamt für Digitalisierung, Breitband und Vermessung)*

3.2. Mauerreste und andere Spuren im Gelände

3.2.1. Halsgraben

Nähert man sich vom Sattel dem überhöhten östlichen Sporn, trifft man als erstes augenscheinliches Relikt der ehemaligen Burg auf den Halsgraben. Er wurde am oberen Ende der Hangflanke künstlich angelegt und teilweise in den Fels gehauen. Er trennt somit das ca. 33 m lange, etwas flachere Gelände des Ostgipfels noch einmal bewusst vom restlichen Bergrücken ab und verschafft so zusätzlichen Schutz im eh schon ansteigenden Hang zwischen Sattel und östlichem Sporn.

Der Graben selbst ist heute zwischen 2 – 2,5 m breit und folgt in leicht gekrümmter Weise dem natürlichen Hangverlauf in Nord-Süd-Ausrichtung auf einer Länge von ca. 28 m. Er beginnt im Süden an der steilen, hohen Felswand und läuft im Norden im Hang aus. Die Tiefe beträgt aktuell ca. 1 m. Mit Sicherheit hat er sich aber im Laufe der Zeit, durch ständig nachfallendes und verrottendes Laub, verflacht und war ursprünglich entsprechend tiefer.

Der Grabenaushub wurde westlich vor dem Graben als Wall aufgeschüttet. Der Wall ist im nördlichen Drittel auf ca. 2 m Länge unterbrochen, was die Stelle des Durchgangs zur Kernburg markieren dürfte.

Abb. 3 Blick Richtung Norden den Graben hinunter. Der tote Baum links im Bild steht auf dem Wall.

Abb. 4 Blick Richtung Süden den Graben hinauf. Der Pfeil markiert die Unterbrechung im Wall.

3.2.2. Gebäudereste

Auf dem höchsten Punkt des östlichen Sporns sind schließlich an drei Stellen noch geringe Mauerreste sichtbar. Außerdem ist westlich, südlich entlang der Felswand und östlich der ehemalige Mauerverlauf durch wallartige Erhebung im Boden mit einer Breite von ca. 1,3 m nachvollziehbar.

Daraus ergibt sich der leicht trapezförmige Grundriss eines fast quadratischen Gebäudes von ca. 12,3 m Seitenlänge, mit einer kürzeren östlichen Seite von nur ca. 9,7 m Länge.

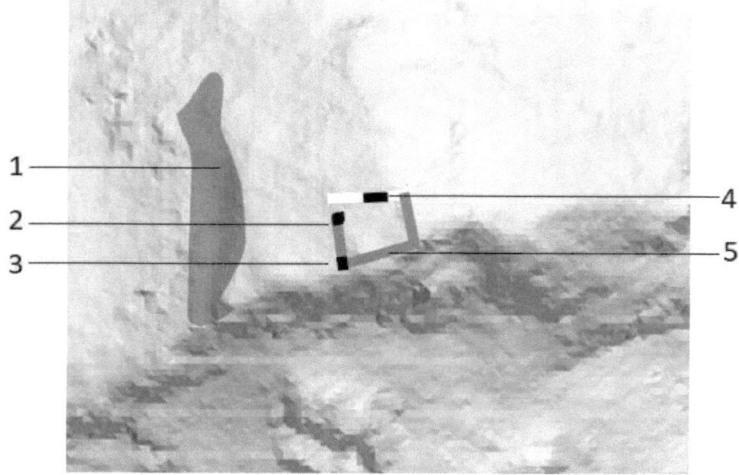

Abb. 5 Gebäude-Grundriss, wie im Gelände nachzuvollziehen: 1) Halsgraben; 2-4) Mauerreste; 5) erkennbarer Mauerverlauf

Der prominenteste Mauerrest, der jedem aufmerksamen Besucher sofort auffällt, ist eine Eckmauerung (vgl. Abb. 5: 2), die sich Richtung Süden auf einer Länge von ca. 2 m mit einer obertägigen Höhe von ca. 50 cm verfolgen lässt. Die Mauerstärke beträgt 1,3 m. Die Mauer besteht aus grob quaderhaft gearbeiteten Bruchsteinen, die so weit erkennbar, lagig angeordnet sind.

An einigen Stellen ist zwischen den Steinen noch Mörtel zu erkennen. Auf der nördlichen Seite ist sogar noch etwas Putz auf den Steinen erhalten. Die beiden sichtbaren Ecksteine sind relativ groß, sonst wurden eher kleine bis mittelgroße Steine verwendet.

Abb. 6 Größter, noch sichtbarer Mauerrest von Nord-West (2020).

Abb. 7 Nordseite (2022)

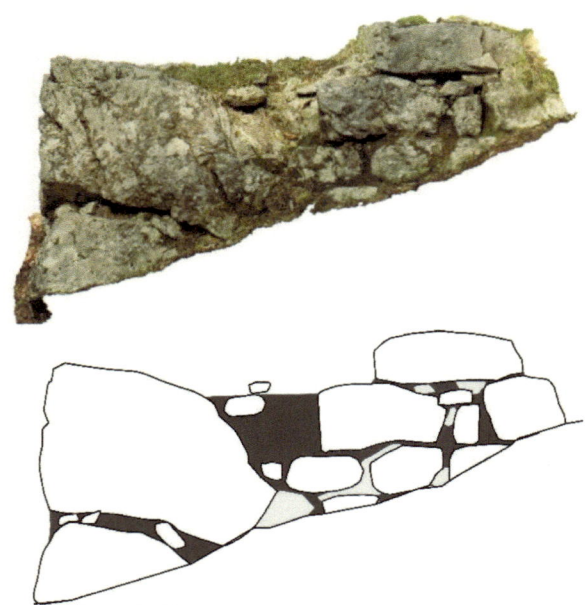

Abb. 8 Westseite (2022)

Ein weiterer Mauerrest (vgl. Abb. 5: 3) besteht noch aus 3 Steinen, mit aktuell obertägig einer einzigen sichtbaren Steinlage. Es handelt sich bei diesem Rest um die süd-westliche Gebäudeecke. Dadurch knickt das Gebäude ca. 2 m von der südlich gelegenen Felswand entfernt, Richtung Osten ab und folgt dem Verlauf der Felswand bis hin zu ein paar größeren Felsbrocken.

Der Eckstein ist ca. 70 x 80 x 70 cm groß.

Abb. 9 Süd-westliche Ecke (2020). Links: Westseite, rechts: Südseite

Ein drittes, kurzes Stück Mauer markiert die Nordseite des Gebäudes (vgl. Abb. 5: 4). Es ist ca. 1 m lang und 70 cm stark. Auch hier ist aktuell obertägig nur noch eine einzige Steinlage sichtbar. Aber selbst daran ist eindeutig das Zweischalenmauerwerk, mit jeweils einer Außen- und Innenschale und dazwischenliegendem Füllmauerwerk, erkennbar. Die beiden Außenkanten sind unterschiedlich gefluchtet. Sie sind also nicht parallel zu einander. Verlängert man sie, trifft keine von Beiden auf die Ecke Abb. 5: 2. Das bedeutet, dass die Ecke Abb. 5: 2 nicht die Gebäudeecke, sondern der Rahmen eines ebenerdigen Durchgangs sein muss. Die Gebäudeecke muss sich ursprünglich ca. 3,2 m weiter nördlich befunden haben.

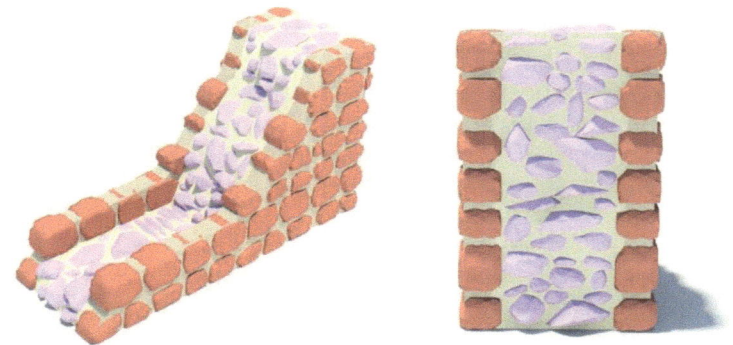

Abb. 10 Schema einer lagig gesetzten, zweischaligen Mauer

Abb. 11 Draufsicht; Die unterschiedlichen Fluchten der Außen- und Innenkante sind gut zu erkennen (2020)

Abb. 12 Außenschale von Norden (2020)

Abb. 13 Innenschale von Süden (2020)

Westlich ist die ca. 9 m lange Verbindung von Mauerrest 2 zur süd-westlichen Gebäudeecke (Mauerrest 3) durch wallartige Erhebungen und vereinzelte Mauersteine noch gut nachzuvollziehen.

Bei Mauerrest 3 knickt der Wallverlauf ca. 2 m vor der südlichen Felswand nach Osten ab und folgt dieser in etwa parallel auf 12,2 m Länge bis zu ein paar größeren Felsbrocken. Diese Felsbrocken markieren zugleich die süd-östliche Gebäudeecke, an der der Wallverlauf Richtung Norden abdreht. Hier verläuft der Wall über weitere größere, aus dem Boden herausragende Felsen auf einer Länge von ca. 9,7 m. Die nord-östliche Ecke fehlt bzw. ist obertägig nicht mehr zu erkennen. Sie lässt sich aber ermitteln, wenn man die Kanten des Mauerstücks 4 gedanklich in diese Richtung verlängert.

Ähnlich verhält es sich auch mit der nord-westlichen Ecke: Die Verlängerung von Mauerstück 4 Richtung Westen kreuzt sich in etwa 3,30 m nördlich von Mauerstück 2 mit der gedachten und verlängerten Linie durch Mauerrest 2 und 3.

Die Pfeile markieren die beiden Mauerecken 2 und 3, mit dem Türdurchgang hier ganz rechts im Bild:

Abb. 14 Mauerverläufe (vgl. Abb. 5: 5); Blick von Mauerrest 4 Richtung Süden (2020)

Die Reste des eben beschriebenen, nahezu rechteckigen Gebäudes waren zusammen mit dem Halsgraben alles, was man bisher als Teile der Burg identifiziert hatte. Doch es gibt noch mehr zu entdecken.

3.2.3. Vorburg

Im Gelände verstecken sich noch weitere Hinweise auf ehemalige Burgbestandteile, die vermutlich deshalb bisher unentdeckt blieben, weil sie durch starken Bewuchs mit jungen Fichten vor Ort quasi nicht erkennbar sind. So wurden sie auch nur zufällig bei der Betrachtung der 3D-Daten entdeckt und daraufhin im Gelände nachgeprüft.

Auf dem Sattel sind westlich, ca. 45 m dem Graben vorgelagert, und nördlich, entlang der Hangkante, leichte wallartige Bodenerhebungen auszumachen. Im Norden ist dieser Wall mittig, wohl durch einen Erdrutsch, auf einer Länge von ca. 23 m durch eine Senke unterbrochen.

Im westlichen Abschnitt befindet sich, in etwa mittig, eine Unterbrechung, die man als Durchgang deuten kann.

Von dieser Unterbrechung aus kann, in fast gerader Linie, ein Weg durch die Vorburg zur Unterbrechung im Wall vor dem Halsgraben (vgl. 3.2.1) nachvollzogen werden.

Vor dem Vorburgwall westlich und nord-westlich ist noch ein stark verflachter Graben zu erkennen.

Eine Vorburg ist eine, der Kernburg bzw. Hauptburg vorgelagerte, zusätzliche Befestigung. In einer Kernburg befinden sich die herrschaftlichen Gebäude, wie Wohnturm, Bergfried und Saal. Innerhalb der Vorburg befinden sich in der Regel untergeordnete Wirtschaftsgebäude.[16] Interessant ist, dass die Vorburg, bis auf wenige Meter, unmittelbar an den nach Westen steil ansteigenden Hang reicht. Von oberhalb des Hangs wäre somit die gesamte Vorburg einsehbar und unter Beschuss zu nehmen.

---

[16] Vgl. Großmann (2013): S. 96-97

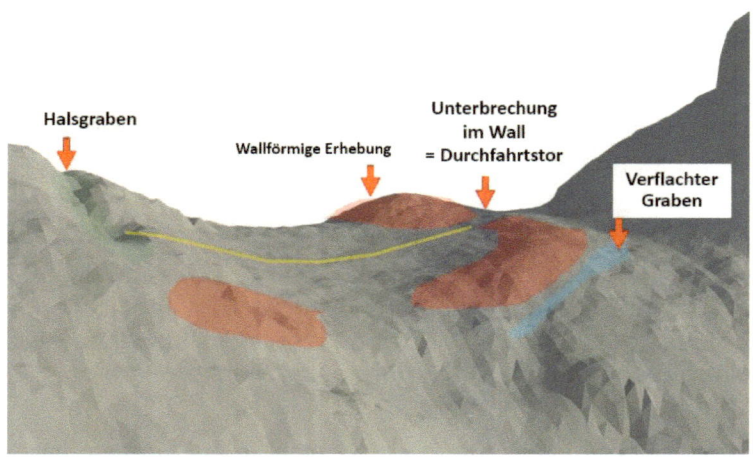

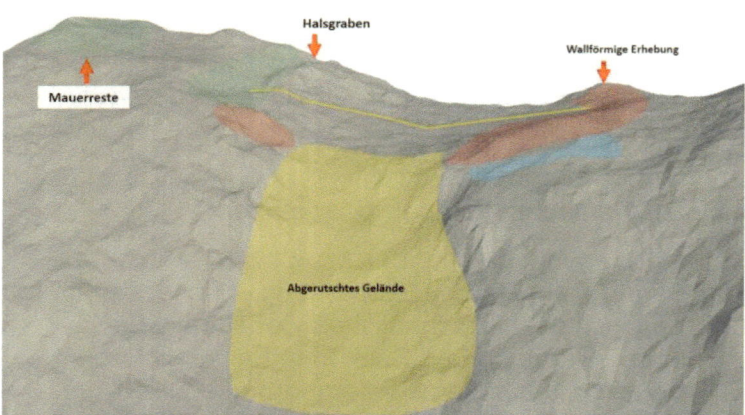

Abb. 15 Spuren einer Vorburg, Blickrichtungen von Norden. Die gelbe Linie markiert den erkennbaren Wegverlauf zwischen den Wällen.

3.2.4. Turmreste?

Auf dem, wie wir nun wissen, Kernburggelände, östlich des Halsgrabens, befindet sich direkt an der Kante der südlichen Felswand und unmittelbar oberhalb des Grabens ein ca. 5,5 x 5,5 m messender, kegelförmiger Hügel. Seine derzeitige Höhe beträgt, gemessen vom tiefsten Punkt an der nord-westlichen Ecke, ca. 4,50 m. Nach Osten erhebt er sich noch ca. 80 cm über den „Grad", der ca. 11 m weiter östlich auf die übrigen Mauerreste trifft.

Dieser Hügel könnte der Schutthaufen eines verstürzten Turms von ehemals 6-7 m Seitenlänge sein. Die kegelartige Form und seine Position innerhalb des Burggefüges lassen dies jedenfalls vermuten. Ohne eine archäologische Grabung ist das allerdings derzeit nicht mit Sicherheit zu bestätigen.

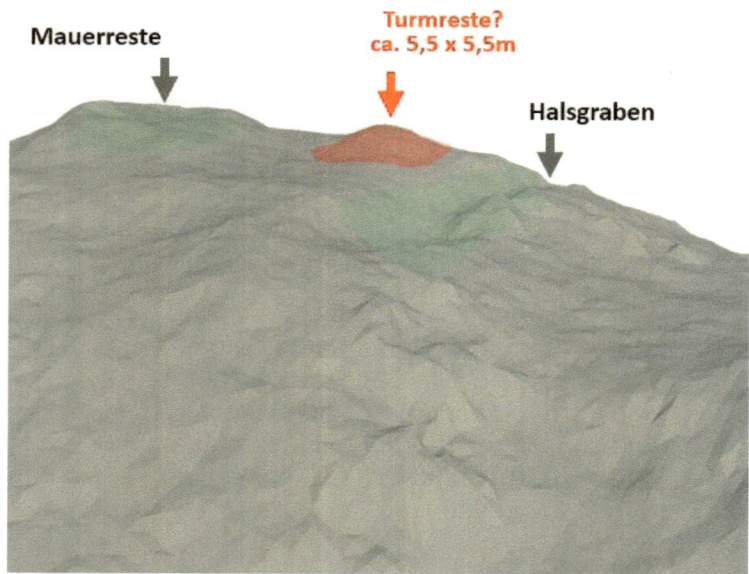

Mauerreste

Turmreste?
ca. 5,5 x 5,5m

Halsgraben

Abb. 16 mögliche Turmreste, Blick von Norden

Abb. 17 Blick von Norden auf den Kegel. Die nord-westliche Ecke wird in etwa von dem Baumstumpf rechts im Vordergrund markiert.

Ob der Hügel nun ein Turm war oder nicht, fest steht, dass die Neuburg wesentlich größer und umfangreicher war als bisher angenommen. Daher ist auch die aktuelle Eintragung des Bodendenkmalbereichs zu klein gewählt. Wie die Markierung in der Karte zeigt, deckt das offizielle Bodendenkmal derzeit nicht einmal die gesamte Vorburg ab! Damit auch die Vorburg in den Denkmalbereich fällt, müsste der Bereich auf voller Breite um mindestens 2/3 nach Westen vergrößert werden.

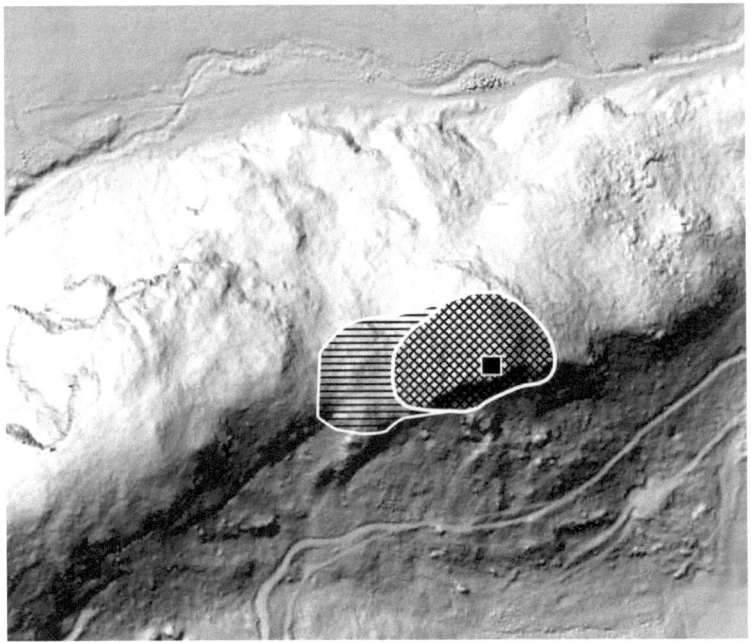

Abb. 18 Baudenkmal (schwarzes Quadrat) und Bodendenkmal (kariert) in der Karte des Landesamt für Digitalisierung, Breitband und Vermessung inkl. Vergrößerungsvorschlag Richtung Westen (waagrecht schraffiert).

4. Platzwahl

Die ursprünglichen Hauptwege im Isarwinkel dürften beiderseits der Isar auf den ersten Hochuferkanten verlaufen sein. Denn das Bett der Isar und das von ihr betroffene Überschwemmungsgebiet war damals wesentlich breiter und noch nicht so tief eingegraben wie das, was heutzutage, nach all den Ableitungen und dem Sylvensteinstaudamm, noch von ihm übrig ist. Im Westen verläuft entlang des alten Wegs auch heute noch eine Straße, der "westliche Höhenweg". Dort reihen sich die ältesten und größten Höfe auf. Heute allerdings wird dieser Weg hauptsächlich als Rad- und Wanderweg und von Anliegern genutzt. Die moderne Hauptstraße verläuft parallel dazu, eine bis zwei Isarterrassen weiter unten im Tal. Anders als heute verliefen Straßen und Wege damals nicht in den sumpfigen oder von Überschwemmungen bedrohten Tälern, sondern in höheren Lagen an den Talrändern. Dadurch liefen die Hauptstraßen näher an Burgen vorbei als es heute meist der Fall ist. Zugleich waren die Burgberge frei von Bewaldung und waren daher eher zentrale Orientierungspunkte in der Landschaft und nicht so abgelegene Orte wie es heute oft scheint. Der ausgewählte Burgplatz sollte im Normalfall eine gewisse strategische Bedeutung haben. Daher wählte man oft Plätze nahe an Wegkreuzungen, Pässen, Furten, Häfen, und dergleichen,[17] um diese zu kontrollieren oder zu sperren.

Burgen an denen eine Kontroll- und Sperrfunktion sehr gut nachvollzogen werden kann, sind zum Beispiel die Auerburg im Inntal und Burg Taufers im Ahrntal (Südtirol). Beide sind auf Anhöhen direkt neben einer Engstelle im Tal positioniert und die jeweilige Engstelle wurde zusätzlich durch eine Mauer mit einem Tor darin verschlossen, sodass man bequem Wegzoll erheben

---

[17] Großmann (2013): S. 58

oder unliebsamen Personen den Durchgang verwehren konnte. Nicht so bei der Neuburg. Sie liegt zwar im weitesten Sinne am alten Saumweg entlang der Isar, aber sie befindet sich viel zu hoch und abgelegen über dem Weg, als dass sie eine tatsächliche Kontroll- oder Sperrfunktion gehabt haben könnte. Ein effektiver Schutz der im Tal liegenden Güter war ebenfalls nur bedingt möglich. Es sind auch keine weiteren relevanten Wegverläufe erkennbar, die diese Position rechtfertigen würden. Anders verhält es sich bei der gegenüberliegenden Hohenburg, die an einer Weggabelung liegt. Direkt unterhalb der Hohenburg trifft ein alter Weg über den Hirschbachsattel vom Tegernsee kommend auf den Isarsaumweg zwischen Tölz und Mittenwald. Diese Kreuzung kann direkt von der Hohenburg aus kontrolliert werden (vgl. Abb. 19).

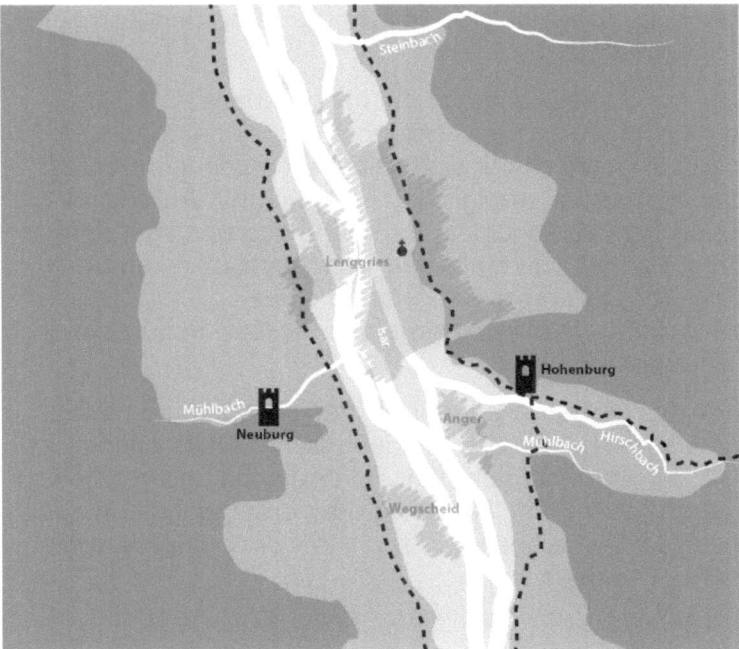

Abb. 19 Isarwinkel mit alten Wegverläufen (gestrichelt) auf den Isarhochufern. Das maximale Überschwemmungsgebiet ist dazwischen hellgrau und die heutigen Orte schraffiert dargestellt.

Da Kontrolle oder Sperrfunktion für die Neuburg ausgeschlossen werden kann, stellt sich die Frage nach anderen Motiven für diese Platzwahl.

Eines dieser Motive dürfte ein gewisses Sicherheitsbedürfnis gewesen sein. Die Vorteile der Spornlage liegen auf der Hand: Drei Seiten sind von Natur aus durch steile Hänge und Felswände geschützt. Somit bleibt nur eine Seite als Schwachstelle, die es besonders zu schützen gilt. Die vierte Seite bildet der Sattel, der nach Westen ebenfalls steil ansteigt. Die überhöhte Position auf dem westlichen Grat, oberhalb des Sattels ist zwar ein gewisser wehrtechnischer Nachteil für die Burg, aber potentielle Angreifer müssten diesen ja auch erst einmal mühevoll besteigen. Die Vorburg, die den gesamten Sattel einnimmt fungiert als erster Verteidigungsring und als Pufferzone zur Kernburg. Der Halsgraben zwischen Vor- und Kernburg ist das nächste Hindernis.

Aber auch die Sicherheit hat ihre Grenzen. Die Burg kann noch so schwer erreichbar und einnehmbar sein, wenn sie letztlich nur sich selbst schützen kann, nutzt das im Ernstfall wenig. Zugehörige Güter, Äcker und Felder im Tal, sprich die Versorgungsgrundlage der Burg, können von hier oben nicht geschützt werden. Eine Burg ist immer als Zentrum eines Wirtschaftssystems zu sehen, zu dessen Schutz sie beitragen soll.[18]

War das Sicherheitsbedürfnis des Erbauers so hoch, dass er sich diesen so unzugänglichen Platz ausgesucht hat, den er selbst nur mühsam erreichen und verlassen konnte? War ihm gleichzeitig die Versorgungslage egal? Auch die Sicherheit kann also nicht der entscheidende Faktor gewesen sein.

---

[18] Zeune (1996): S. 36

Als wichtigstes Motiv dürfte hier auf jeden Fall die Machtinszenierung gelten[19], denn ähnlich gut geschützte aber bequemer erreichbare Plätze gäbe es weiter östlich und damit wesentlich näher am Tal auf dem selben Bergausläufer. Die Nah- und Fernwirkung durch die weithin sichtbare Position hoch oben, am Rand des Tals, dient dem Zweck der Inszenierung dagegen hervorragend (vgl. Abb. 2).

Anscheinend war die eigene Selbstdarstellung sogar so wichtig, dass sogar die bequeme Wasserversorgung hintenangestellt wurde. Einen Brunnen gab es sicher nicht. Dazu hätte man sich viel zu tief durch den Fels hauen müssen. Möglich wäre dagegen eine Zisterne, die Regenwasser von Dachflächen aufsammelt. Zisternen decken den Wasserbedarf einer Burg aber meist nicht kontinuierlich, besonders im Sommer.[20] Nach Großmann beträgt der Wasserbedarf an Trink- und Brauchwasser pro Person ca. 5 l und pro Pferd ca. 30 l am Tag.[21] Eine zusätzliche Wasserleitung von einer nahen Quelle ist unwahrscheinlich. Bleibt nur der Transport von Brauch- und Trinkwasser mit dem Esel von den Bächen am Fuß des Bergrückens. Eine mühevolle Angelegenheit, wie es aber bei vielen Burgen der Fall war.[22]

Die Neuburg dürfte ähnlich wie Falkenstein (bei Pfronten) also vor allem als Machtdemonstration gegenüber dem Nachbarn gedient haben: Hohe, weithin sichtbare Position direkt gegenüber der Hohenburg! Wirklich zweckmäßig war sie sicher nicht.

Die abgelegene Lage der Neuburg dürfte definitiv zur relativ baldigen Aufgabe der Burg beigetragen haben, was mitunter der Grund dafür sein dürfte, dass so wenig erhalten und überliefert ist.

---

[19] Zeune (1996): S. 158; Zeune (2015): S. 47ff
[20] Zeune (1996): S. 189f
[21] Großmann (2013): S. 193
[22] Losse (2020): S. 96

Am Untergang der Neuburg könnte aber auch Gebhart von Tölz maßgeblich beteiligt gewesen sein, wie eine Überlieferung von 1257 vermuten lässt (vgl. Kapitel 6). Detaillierte Ausführungen dazu folgen bei Benz im Kapitel 13.2.

Der Frage, wer und warum sich an dieser Stelle jemand inszenieren wollte, geht Benz in seinem Abschnitt in diesem Buch nach, besonders in den Kapiteln 10.6 bis 12.

Ein Faktor, der nicht ganz außer Acht gelassen werden sollte, der aber auch andern Orts erfüllt gewesen wäre, ist das reichliche Vorkommen von Baumaterial. Holz und Stein dürfte es auf jeden Fall zum Bauzeitpunkt, wie auch heute noch, direkt vor Ort genügend gegeben haben.

5. Zugang zur Burg

Letztlich stellt sich nun noch die Frage, wie und von wo aus man ursprünglich zur Burg gelangen konnte. Wie bereits gezeigt, ist der Burgplatz aus allen Richtungen her äußerst schwierig zu erreichen. Kann dennoch ein ehemaliger Weg ausfindig gemacht und nachverfolgt werden?

Zu jeder Burg im Isarwinkel gibt es jeweils in der Nähe einen Mühlbach. Das ist nicht ungewöhnlich, denn zu Burgen gehörte in der Regel auch eine Mühle in unmittelbarer Umgebung.[23] Wenn wir davon ausgehen, dass die Mühle im Zusammenhang mit der Burg entstanden ist, dann beginnen wir die Suche nach einem möglichen Aufstieg zur Neuburg also am besten am Mühlbach.

Ähnlich wie die Vorburg, wurde auch der mutmaßliche originale Zugangsweg zur Neuburg erst mit Hilfe der 3D-Geländedaten ermittelt. Folgt man, von der Grasmühle beginnend, dem Mühlbach aufwärts, trifft man nach etwa 500 Metern an einer Weggabelung auf den Fuß des Bergausläufers, auf dem die Burg stand.

In den Reliefkarten des Bayern Atlas lässt sich noch gut das ehemalige Ufer des Mühlbachs erkennen. Es lag weiter östlich des heutigen Bachlaufs. Ein ehemaliger Verbindungsweg von der Mühle zur Burg dürfte entlang dieses Ufers verlaufen sein. Ungefähr dort, wo das ehemalige Ufer auf den Bergausläufer trifft, ca. 80 m östlich der Weggabelung, lässt sich im Bergausläufer ein ansteigender Weg in Verlängerung des Ufers ausmachen. Dieser Weg knickt dann nach ca. 110 m, bevor es richtig steil wird, nach Süden ab und zieht sich leicht ansteigend um die gesamte Südflanke des Burgsporns, bis unterhalb des Sattels.

---

[23] Vgl. Zeune (1996): S. 203

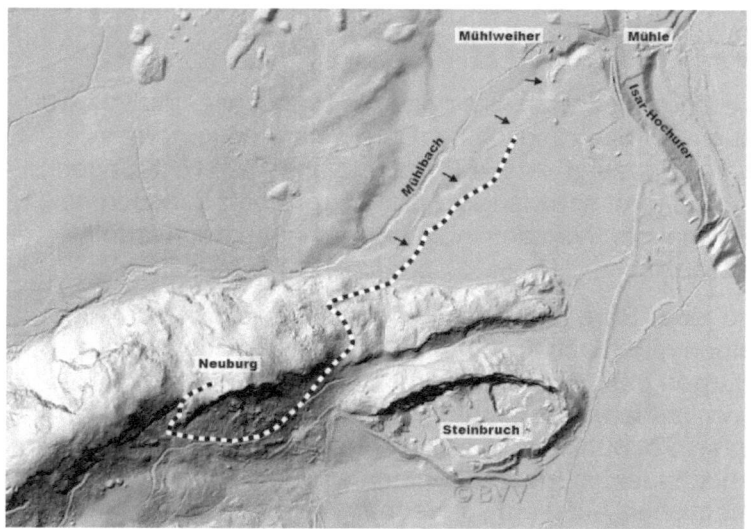

Abb. 20 Wahrscheinlicher, ursprünglicher Wegverlauf und Markierung des ehemaligen Bachufers (Pfeile)
(Karte: Landesamt für Digitalisierung, Breitband und Vermessung)

Ab dieser Stelle knickt der Weg nach Nord-Osten ab und steigt über eine sehr steile Rampe zwischen den Felswänden bis zum Sattel an. Kurz bevor man allerdings auf den Sattel hinaufkommt, verengt sich der Weg zwischen zwei Felsen zu einem natürlichen Hohlweg dermaßen, dass er nur zu Fuß oder mit einem Lasttier passierbar ist. Mit einem Wagen wäre bereits die steile Rampe schwierig zu bewältigen. Spätestens hier ist dann definitiv Schluss.

Hat man den Hohlweg passiert, steht man nur wenige Meter vom Tor der Vorburg entfernt auf dem Sattel. (vgl. Kapitel 3.2.3)

Abb. 21 3D-Ansicht des Wegverlaufs um den Burgberg herum

Abb. 22 Natürlicher Hohlweg zwischen Felsen als Übergang zum Sattel. Blickwinkel von Süd-West, den steilen Hang hinauf.

6. Überlieferungen

Nachdem in den vorhergehenden Kapiteln die Ruine, sowie ihre Lage und Situation im Gelände erkundet wurde, darf ein Blick auf die historischen Quellen und Überlieferungen nicht fehlen. Erst durch datierbare Nennungen kann eine zeitliche Einordnung der Burg erfolgen, besonders da der geringe Baubestand derzeit keine Datierung zulässt.

Beides, die Untersuchungen der Ruine und die schriftlichen Quellen, werden uns im Anschluss helfen ein möglichst realitätsnahes Bild der damaligen Burg zu entwerfen.

- **1150-1158** Bischof Otto von Freising übergibt den Wald genannt Wackersberg (*nemus, quid dicitur Waccherberch*) an das Kloster Schäftlarn. Als Zeuge dabei Arnold der Forstmeister (*lignarius*) von Gotzing.[24]

- **1186-87** Sophie von Neuenberg (*Nivwenberch*), Tochter des Rudolf von Hohenwaldeck, überträgt Zinspflichtige in Hohenbrunn an das Kloster Tegernsee. Außerdem werden in dieser Urkunde genannt: Otto von Neuenberg, Onkel des Ulrich von Finsing, und ein Friedrich von Neuenberg.[25]

---

[24] Weißthanner(1953): S. 78 f.
[25] Acht(1952): S. 273

- **30.03.1257** Streitschlichtung durch den Freisinger Bischof Konrad I (von Tölz) zwischen dem Kloster Schäftlarn und Gebhard von Tölz: Gebhard gibt alle Felder, Wälder, Wiesen und allen anderen Besitz, den er unrechtmäßig an sich gezogen hat, am Berg genannt Wackersberg an Schäftlarn zurück und bezahlt 5 Talente als Ersatz für eine (von ihm zerstörte oder beschädigte?) Mühle.[26]

- **06.02.1287** Der bayerische Herzog schenkt den, bis dahin ihm zustehenden, Zehent in Tölz und im Kastenamt *Niwenburg* an das Kloster Fürstenfeld.[27]

- **1289** Im ältesten Klosterurbar von Tegernsee sind Abgaben von 300 Käsen durch den Schneck von Neuburg vermerkt: *„Newnburch Snekko CCC caseos"*[28]

- **1427** Im Tegernseer Klosterurbar erscheint das Amt Newnburgk im Isarwinkel[29]

- **1454** nach einem Tegernseer Urbar war der Klosterbesitz in 9 Ämter aufgeteilt, darunter Neuburg. Dieses Amt verwaltete Güter im Isarwinkel, in Greiling, Dürnbach, Finsterwald, Waakirchen, Krotthental und Reichersbeuern[30]

---

[26] Monumenta Boica 8: S. 529f
[27] Regesta sive rerum Boicarum 4: S. 330 und Monumenta Boica 9: S. 106f
[28] Holzfurtner (1985): S. 127
[29] Acht (1952): S.273
[30] Katzameyer (1989): S. 76-80

- **1568** In Apians Landtafeln taucht die Neuburg bereits nicht mehr auf, nicht einmal als Ruine.[31]

Abb. 23 Auszug aus Apians Landtafel 22: Gegenüber der Hohenburg ist nur ein symbolischer, bewaldeter Bergrücken ohne Burg oder Ruine zu sehen.

- **1593** Im Urbar des Pfleggerichts Tölz wird Neuburg als eine Kastvogtei Tegernsees genannt.[32]

- **17. Jhd.** Tegernseer Stiftsbücher kennen: Iserwinckler Amt bzw. Neuburger Amt in dem Iser-Winckl; Niederschwaig auf Neuburg ist einmal näher bezeichnet als beim Demmel oder ober Gaißräutter[33]

- **1683** Als Hauptmannschaft des Oberwackersberger Viertels werden genannt: Georg Rauchenberger von Murbach und Philipp Adlwarth an der Wegscheid.[34]

---

[31] Apian (1568): Tafel 22
[32] Katzameyer (1989): S. 76-80
[33] Katzameyer (1989): S. 76-80
[34] Glonner (1867): S. 166 {195}

- **1689** Aus einer Umlagerechnung geht hervor, dass das Landgericht Tölz verwaltungstechnisch in acht Viertel geteilt war: Ober- und Unter-Wackersberg, Ober- und Unter-Fischbach, Ober- und Unter-Gaißach, Ober- und Unter-Kirchbichl.[35]

- **02.08.1715** Graf Ferdinand von Herwarth erhält im Tausch gegen seine Hofmarken Forstenried und Poschetsried die kurfürstlichen Besitzungen am linken Isarufer von Rauchenberg und Letten bis Schlegldorf - von da an als neue Hofmark (Hohenburg) bezeichnet.[36]

- **1794** Das Landgericht Tölz war grundsätzlich in Ober- und Unter-Viertel geteilt, nur auf der Wackersberger Seite nicht mehr.[37]
  → Bei der neuen Hofmark Hohenburg handelt es sich demzufolge um das ehemalige Oberwackersberger Viertel.
  → Durch diese Erkenntnis bekommen die Urkunde über Wackersberg von 1150-1158 und die Streitschlichtung von 1257 Relevanz für das Thema Neuburg.

---

[35] Westermayer (1871): S. 146
[36] Glonner (1867): S. 201 f {229}
[37] Ströber (1794): S. 246

7. Rekonstruktionsversuch

Auf Basis der sichtbaren Mauerreste, des Halsgrabens und der anderen bereits behandelten Besonderheiten im Gelände, die auf eine Vorburg und einen Turm hindeuten, kann man sich einen möglichen Grundriss der Neuburg so vorstellen, wie in Abb. 24 und Abb. 25 zu sehen. Der Ringmauerverlauf der Kernburg kann, anders als die Einfriedung der Vorburg, im Gelände nur sehr vage nachvollzogen werden, und bleibt daher besonders im Ostteil eher spekulativ.

Je nachdem, wie lange die Burg tatsächlich aktiv bewohnt wurde und in Verwendung war, kann es sein, dass nicht alle Baukörper aus der selben Bauphase stammen. So könnte zumindest der mögliche Turm, wenn er denn wirklich existiert hat, zum Beispiel erst später in die Kernburg eingefügt worden sein.

In den folgenden Kapiteln soll versucht werden den Baubestand, auf Basis des Grundrisses und unter Berücksichtigung der Topographie, historisch korrekt visuell zu rekonstruieren.

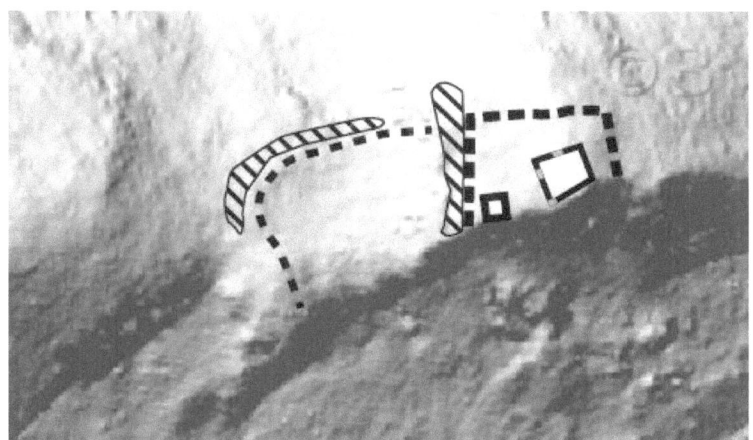

Abb. 24 Grundriss der Gesamtanlage mit Gräben (schraffiert), mutmaßlichen Mauerverläufen (gestrichelt) und obertägig sichtbaren Mauerresten (grau) (Karte: Landesamt für Digitalisierung, Breitband und Vermessung)

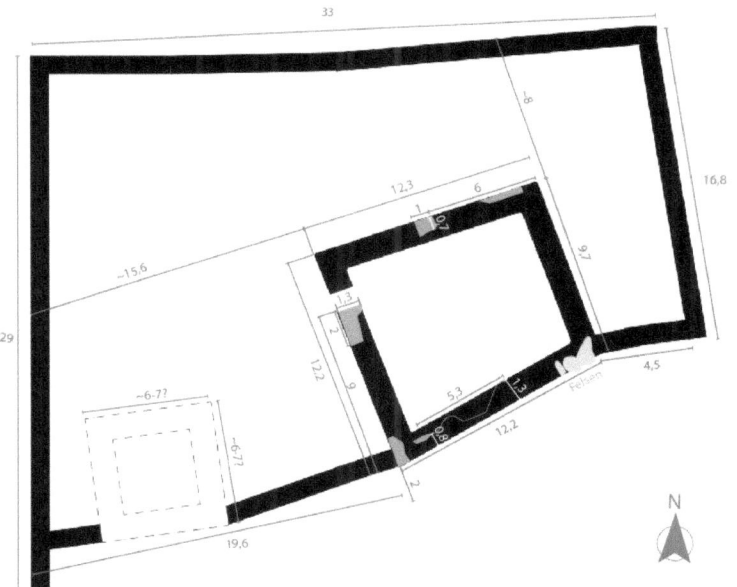

Abb. 25 Grundriss Kernburg, bemaßt

7.1.   Variante A – Turmburg

Im späten 12. Jhd., also zu der Zeit als wir die ersten Erwähnungen der Neuburg haben, definierte ein Züricher Prediger den Begriff Burg so: *„Ein castel heizet daz, da ein turn stat, unde mit einer mure umbefangin ist unde sich diu zwei beschirmint under einanderen.“*[38] Die Standard-Burg im 12. Jhd. ist dementsprechend der von einer Ringmauer umgebene Turm. Eine solche Burg war, im Gegensatz zu den früheren Wallburgen, nur noch Schutz für den Adeligen selbst, nicht mehr für die Bevölkerung, und konnte daher westlich kleiner ausfallen.

Das Gelände gab die Form vor, in der gebaut werden konnte. Deshalb findet man bei Höhenburgen, wie der Neuburg, selten wirklich rechteckige Gebäude, sondern eher polygonale Grundrisse. [39]

Da die heute noch erkennbaren Mauerreste nahezu eine quadratische Grundform mit ca.12 m aufweisen, kann man davon ausgehen, dass es sich um die Reste eines 3-5 stöckigen Wohnturms handelt, wie er im 11. - 12. Jhd. üblich war.[40] Ein solcher könnte so ausgesehen haben wie in Abb. 26 dargestellt, wenn man davon ausgeht, dass er komplett gemauert war.

Es besteht aber auch die Möglichkeit, dass nur das Erdgeschoss gemauert war und die oberen Stockwerke aus Holz in Fachwerk- oder Ständerbauweise gezimmert waren.

Bei der Dachdeckung können wir in unserer holzreichen Gegend von Holzschindeln ausgehen.

---

[38] Biller (1993): S. 127
[39] Biller (1993): S. 133-135
[40] Losse (2020): S. 20f

Abb. 26 Virtuelle 3D-Rekonstruktion eines steinernen Wohnturms mit Hocheinstieg und Abtritterker. (Ansichten von allen Seiten)

Die Wohnräume befanden sich üblicherweise im Obergeschoss und waren über eine geradläufige Außentreppe erreichbar.[41] Das Erdgeschoss diente als Lagerraum oder Stall.

Räume waren zu dieser Zeit multifunktional und dienten als Aufenthalts- und Schlafraum gleichermaßen. Geschlafen wurde auf einfachen Kasten- oder Spannbetten oder gar nur auf Strohmatratzen. Auch sonst war die Einrichtung eher spärlich: Tischplatten auf Schragen, die man leicht wegstellen konnte, Bänke oder Truhen zum Sitzen, wobei die Truhen gleichzeitig zur Aufbewahrung von Kleidung und anderem Hab und Gut dienten. Schränke und Stühle gab es noch selten.

Fensterglas ist erst ab dem Spätmittelalter (ca. 1250 – 1500) auf Burgen nachweisbar. Vorher erfolgte der Verschluss der Öffnungen vermutlich durch hölzerne Platten.[42]

---

[41] Großmann (2013): S. 92f
[42] Zeune (1996): S. 175f und 185

Ohne archäologische Grabung ist es obertägig aktuell nicht feststellbar, ob der Burgplatz durch eine einfache Palisade oder, zumindest teilweise, durch eine Steinmauer eingefriedet war. Allerdings löste die steinerne Ringmauer bereits im Laufe des 12. Jhd. die hölzerne Palisade mehr und mehr ab und wurde schließlich zum Standard. Eine solche Ringmauer war mit einem Wehrgang versehen und meist auch mit Zinnen gekrönt.[43] Die Stärke von Ringmauern beträgt in der Regel 1,5 – 2,5 m, wobei Mauern des 11. und 12. Jhd. eher dünner sind als spätere. Die Höhe war ebenfalls noch relativ gering.[44] Auch das Tor war in dieser Zeit nur eine einfache, verschließbare Maueröffnung.[45] Aufwändige Torhäuser und -türme entstanden erst später, als Burgen immer weiter verstärkt wurden.

In der Vorburg befanden sich Wirtschaftsgebäude, wie Ställe, Werkstätten und Lagerhäuser. Auch das Vieh konnte man hier einpferchen. Die vorgefundene Trennung zwischen Vor- und Kernburg durch einen Graben, sowie eine leichte Befestigung ist typisch für hoch- und spätmittelalterliche Burgen.[46]

Die Neuburg könnte man sich am Ende des 12. Jhd. so vorstellen, wie auf der folgenden Seite dargestellt: Ein gemauerter, mehrstöckiger Wohnturm an der sichersten Stelle des baumlosen Bergsporns, umringt von einer steinernen Ringmauer mit Wehrgang und Zinnen, davor eine durch einen Halsgraben getrennte und durch Palisaden bewehrte Vorburg mit einfachen, hölzernen Wirtschaftsgebäuden.

---

[43] Großmann (2013): S. 141

[44] Böhme, et al. (1999): S. 229

[45] Biller (1993): S. 148 ff

[46] Losse (2020): S. 21; 95

*Abb. 27 Rekonstruktion: Kernburg mit Steinmauer versehen; Vorburg durch Palisade geschützt. **Oben:** Blick von Süd-Ost. **Mitte:** Blick von Nord-West. **Unten:** Blick von Norden.*

| 43

7.2. Variante B – Frontturmburg

Möglicherweise ist der ca. 5,5 x 5,5 m große, nahezu quadratische Hügel zwischen Halsgraben und den obertägig sichtbaren Mauerresten (siehe Abb. 16) der Schutthaufen eines verstürzten Turms mit ursprünglich ca. 6-7 m Seitenlänge.

Als solcher würde es sich um die Reste eines Bergfrieds handeln, der gegen die Hauptangriffsseite positioniert wurde, wie das bei Spornburgen häufig der Fall ist. Durch seine besonders dicken Mauern und die vorgelagerte Position zur Hauptangriffsseite übernimmt er neben einer starken Symbolwirkung und der Möglichkeit der erhöhten Aussicht, auch eine schützende Funktion für die übrige Burg. Bergfriede waren vorwiegend ein Machtsymbol und weniger ein Wehrelement. Die wenigen Öffnungen (hauptsächlich Luft- und Lichtschlitze) eignen sich nicht zur Feindbekämpfung, und eine letzte Zuflucht in einem solchen Turm zu suchen, wie es immer wieder postuliert wird, scheint auch nicht sehr zielführend – man würde sich ja quasi selbst einkerkern.[47] Bergfriede waren immer in sich geschlossene, eigenständige Bauwerke, auch wenn sie mit anderen Gebäuden in einem größeren Komplex verbunden waren. Es gab keine direkte Verbindung zwischen anderen Gebäuden und seinem Inneren. Der Zugang erfolgte über einen Hocheingang in einem der oberen Geschosse. Ein solcher befand sich meist in einer Höhe von 3 – 8 m. Ihm war in der Regel eine hölzerne Laube auf Kragsteinen vorgesetzt, die über eine hölzerne Treppe vom Boden oder einen Steg von der Wehrmauer aus erreichbar war.[48] Ein Hocheingang ist allerdings nicht, wie oft behauptet, ein Wehrelement, sondern vor allem ein

---

[47] Vgl. Losse (2020): S. 85ff

[48] Böhme, et al. 1 (1999): S. 242 und Zeune (2015) S. 100

Symbol für Herrschaft. So ist zum Beispiel im Sachsenspiegel (um etwa 1230) festgehalten, dass Hocheingänge, Zinnen, Mauern ab einer bestimmten Höhe, und Gräben ab einer genau definierten Tiefe, ein Gebäude zu einer genehmigungspflichtigen Burg machten.[49]

Ein Bergfried hat immer mindestens drei Stockwerke, häufig vier. Während das unterste eigentlich immer gewölbt ist, bestehen die Stockwerke darüber meist aus Holzlagen, die über Leitern oder einfache Treppen verbunden sind.[50]

Ab dem Ende des 12. Jhd., besonders im Laufe des 13. Jhd. setzt sich die Trennung von Turm und Wohnbau durch. Das Wohnen wird aus dem Turm in einen separaten, repräsentativeren Wohnbau verlagert.[51] Wäre das bei der Neuburg der Fall, dann wären die erhaltenen Mauerreste als Spuren eines Wohngebäudes zu deuten, nicht zwangsläufig als Wohnturm.

Obwohl sich beides natürlich nicht ausschließt: Ein ehemaliger, alleinstehender Wohnturm könnte später durch einen Bergfried ergänzt worden sein, um der damals vorherrschenden Bau-Mode zu folgen.

Würden in Zukunft in diesem Hügel nicht nur gewachsener Fels, sondern auch tatsächliche Turmfundamente gefunden werden, wäre die Neuburg, neben der offensichtlichen Kategorisierung als Spornburg und Höhenburg, auch als Frontturmburg zu klassifizieren.[52] Genaueres ist aktuell obertägig nicht erkennbar und ohne archäologische Grabung nicht bestimmbar.

---

[49] Zeune (1996): S. 42
[50] Großmann (2013): S. 76f
[51] Biller (1993): S. 209 ff;
    Großmann (2013): S. 125
[52] Biller (1993): S. 140

*Abb. 28 Rekonstruktion: Bergfried innerhalb der Kernburg, hinter der Ringmauer. **Oben:** Blick von Nord-West. **Unten:** Blick von Süd-Ost.*

8. Zusammenfassung

Über die Ruine der Neuburg gab es bisher nur sehr wenige literarische Informationen. Mit diesem Beitrag wurde daher versucht, eine umfassende Bestandsaufnahme zu erstellen und diese in ihrem topographischen und historischen Kontext zu betrachten. Mithilfe von moderner Technologie konnten bisher verborgen gebliebene Strukturen, ausfindig gemacht werden und schließlich virtuell sichtbar gemacht werden. Dabei konnte nachgewiesen werden, dass die Neuburg wesentlich größer und umfangreicher war als bisher angenommen. Daher ist aktuell die Ausdehnung des Bodendenkmalbereichs zu klein gewählt und müsste um ein gutes Stück Richtung Westen erweitert werden.

Trotzdem bleiben einige offene Fragen, die eventuell archäologisch zu beantworten wären:

- Gab es einen separaten Bergfried?
- Gab es eine steinerne Ringmauer, oder doch nur Palisaden?
- Wie viele Gebäude gab es in der Vorburg? Wie groß waren sie? An welchen Stellen befanden sie sich genau?
- In welchem Zeitraum wurde die Burg aktiv genutzt und ab wann wurde sie aufgegeben oder zerstört?

Anderes, wie die mögliche Turmhöhe oder die Anzahl der Stockwerke im Wohngebäude, wird auf ewig spekulativ bleiben.

Eine mögliche Geschichte der Neuburg / Schellenburg bei Lenggries

Toni Benz

9. Einführung

Die Frage nach der Geschichte der heute sogenannten Neuburg bzw. Schellenburg in der Nähe von Lenggries hat schon seit Generationen die Bevölkerung interessiert. Wenig bis nahezu gar nichts ist über diese Burg in der Lokalgeschichte bekannt. Daher sollen nun, wie bei einem Puzzle, verschiedene Teile aus Büchern, wissenschaftlichen Arbeiten, Veröffentlichungen in Zeitungen, ein Vortrag des 19. Jahrhunderts usw. zu einem Bild zusammengefügt werden, das die mögliche Geschichte der Neuburg zeigen könnte. Ob es wirklich so war, lässt sich heute aufgrund der schlechten Quellenlage nicht mehr mit hundertprozentiger Sicherheit nachvollziehen. Aber die vorhandenen Fakten und Tatsachen, die hier in diesem Aufsatz zusammengefügt wurden, ergeben doch ein sehr interessantes Bild, wobei anzumerken ist, dass einige Quellen gegen Ende des Aufsatzes durchaus noch zu hinterfragen sind (vgl. hierzu auch die Ausführungen in Kapitel 15).

Dieser Aufsatz soll nur ein paar Denkanstöße geben, wobei er natürlich nicht den Anspruch einer wissenschaftlichen Aufarbeitung ableiten kann. Die Gedanken in diesem Aufsatz sollen primär Anregung sein, sich mit diesem Thema näher wissenschaftlich zu beschäftigen. Nach meinen bisherigen heimatkundlichen (nicht wissenschaftlichen) Erkenntnissen dürfte die Burg um 1160/65 entstanden sein und spätestens um 1256 ihre Funktion wieder verloren haben.

Der Name ‚Schellenburg' wird im folgenden Beitrag häufiger für Ereignisse des 12. und 13. Jahrhunderts verwendet, obwohl dieser Name scheinbar erstmals um 1871 erwähnt ist (vgl. Kapitel 15). Die Verwendung dieses Burgnamens im Text für Ereignisse vor 1871 dient ausschließlich dem besseren Verständnis beim Lesen und hat keine historische Relevanz.

10. Die Rodung des Wackersbergs

Als erstes Puzzle-Teil sehen wir uns einmal einen Eintrag in den Traditionen des Klosters Schäftlarn[53] an. Dort ist vermerkt, dass Bischof Otto I. von Freising gegen Ende seines Lebens (wohl um 1155/58) den Wald bei Wackersberg dem Kloster Schäftlarn schenkte, damit dieses Kloster dort roden lässt:

„Bischof Otto [I.] von Freising übergibt an Schäftlarn den Wald Wackersberg (LK Tölz). (ca. 1150-1158 Juli)*

*Notum sit omnibus fidelibus Christi, quod venerabilis **Frisingensis ecclesie episcopus Otto tradidit ad ecclesiam sancti Dionisii martiris Sceftl[aren]** ad usum ibidem deo famulantium **nemus, quid dictur Waccherberg**. Et hi testes: Waltman de Bastberch, frater eius Rodolfus de Waldecge, Rodolfus de Swabingen et fratres eius Rulant, Gerwigus et Leobaldus, canonicus maioris ecclesie Frisinge; Fridericus de Hegelingen, Gotfridus pincerna, Engenmarus et filius eius Engenmarus de Ottenburch, Hartwicus de Pasingen, **Arnoldus lignarius de Gotzingen et frater eius Alfridus**, Rahewinus capellanus et alii plures. Facta est hec tradicio in castro Ottenburch, cum primo construebatur.“*

Weiter steht in der dazugehörigen Fußnote:

„Daß allerdings der Wackersberg schon 1140 an Schäftlarn geschenkt worden wäre, ist nicht anzunehmen, da er 1140 nicht unter den Dotationsgütern aufgeführt wird [...]. Als Jahrtagsstiftung des Bischofs Otto I. dürfte die Schenkung erst in dessen letzten Lebensjahren (+ 1158 Sept. 21) erfolgt sein.“

---

[53] Weißthanner (1953): S. 78 f, Nr. 71

Die Urkunde über den Wackersberg ist deshalb von Interesse, weil das ursprüngliche Wackersberger Gebiet wesentlich größer war als heute und das gesamte linke Isarufer bis zum Rauchenberg umfasste (vgl. dazu im Beitrag von Scheitler Kapitel 6).

Verantwortlich für diese Rodungen waren sicherlich die in der Urkunde als Zeugen erwähnten Brüder Arnold und Alfred von Gotzing. Arnold wird in dieser Urkunde als *lignarius'* (=Forstmeister) bezeichnet.

Im Zusammenhang mit dieser Schenkung ist es nun äußerst interessant, ob diese Schenkung zeitlich eher zufällig geschah oder ob es einen konkreten geschichtlichen Hintergrund gab, der diese Schenkung ausgelöst haben könnte. Des Weiteren ist interessant: Wer waren diese Herren von Gotzing?

10.1. Bischof Otto von Freising

Die erste Frage nach dem zeitlichen Zusammenhang lässt sich dadurch beantworten, dass ungefähr zeitgleich im Jahre 1155 Rupert von Hohenburg (bei Lenggries) zum neuen Abt des Klosters Tegernsee gewählt wurde. Abt Rupert hatte, wie auch bereits sein Vorgänger Abt Konrad I., zu Bischof Otto I. von Freising ein sehr angespanntes Verhältnis.

War unter Bischof Heinrich I. von Freising (1098-1137) das Verhältnis zwischen Tegernsee und Freising noch sehr wohlwollend, so änderte sich dies mit der Wahl des nachfolgenden Bischofs Otto I. (1138-1158).

„Heinrich I. von Freising (1098-1137) erwies sich durchwegs als wohlwollender Förderer des Klosters [Tegernsee]. [...] Vermutlich war er 1102 maßgeblich an der Gründung von Tegernsees Eigenstift Dietramszell beteiligt gewesen."[54]

Komplett konträr ist die Aussage über Bischof Otto I. in einem Schreiben anlässlich der Wahl von Abt Rupert Anno 1155: *"Auch habt ihr nicht zugelassen, dass der Freisinger Wolf* [gemeint war Bischof Otto], *der Euch* [Kloster Tegernsee] *schon lang angreift, Euch zerrissen hat."*[55]

Bischof Otto von Freising versuchte mindestens dreimal *„mit Zustimmung* [des Tegernseer Kloster-]*Vogt Heinrichs II. von Wolfratshausen* [...] *Tegernsee der bischöflichen Herrschaft zu unterwerfen"*, wobei *„eine Umwandlung Tegernsees in ein bischöfliches Eigenkloster* [...] *für Heinrich II. zweifellos den Verlust seiner einträglichen Vogtei bedeutet"* hätte.[56]

---

[54] Buttinger (2004): S. 150
[55] Buttinger (2004): S. 76
[56] Buttinger (2004): S. 76 und 134

Abb. 29 Otto I. von Freising (1138-1158) im Fürstengang zwischen Fürstbischöflicher Residenz und Freisinger Dom

Wir sehen also, Bischof Otto und der Tegernseer Klostervogt Heinrich von Wolfratshausen, der eigentlich das Kloster militärisch beschützen sollte, wollten sich dieses Kloster für ihre politischen Interessen einverleiben. So bot z. B. Bischof Otto I. von Freising dem Kaiser Friedrich 400 Pfund Silber an, *„um sich den Ort zu unterwerfen"*.[57]

---

[57] Buttinger (2004): S. 77

10.2. Der Sippenverband Gotzing-Schellenberg

Die Herren von Gotzing und die mit ihnen eng verwandten Herren von Schellenberg hatten für Bischof Otto I. von Freising an der Schlierach und Mangfall eine spezielle Aufgabe zu erfüllen. Sie sollten im Mangfalltal und im Schlierachtal die Interessen des Bischofs gegenüber dem Kloster Tegernsee durchsetzen.

Hatte Bischof Heinrich von Freising (1098-1137) den Weiler Gotzing noch als strategischen Schutz **für** das Kloster Tegernsee ausgebaut – von Gotzing aus konnte man das Mangfalltal und die Täler der Schlierach, des Farnbachs und des Moosbachs kontrollieren[58] – so nutzte Bischof Otto diesen militärischen Stützpunkt nun für seine Interessen. Er setzte die bisherigen Dienstleute des Bischof Heinrich ab und übertrug das Kommando dem Altmann von Derndorf (nun Altmann von Gotzing genannt). Altmann von Gotzing hatte eine große Zahl von waffenfähigen Männern, was darauf schließen lässt, dass Bischof Otto hier eine Art Burg errichten wollte.

Zu Altmann von Gotzing gehörten u.a. sein Ritter Walther von Berneck, **der ‚lignarius' Arnold von Gotzing mit seinem Bruder Alfred**, die Brüder Rüdiger, Friedrich und Rudolf von Schellenberg, die Brüder Rüdiger und Heinrich von Dietenfurt, der Ritter Meginhard von Gotzing-Berneck und ein Ortolf, der wahrscheinlich aus Inzemoos bei Dachau stammte. Außerdem lebten in Gotzing noch die Herren von Raubling.

„Das sind elf waffenfähige Männer, als deren Senior Altman zu gelten hat – für mittelalterliche Begriffe eine bedeutende Schar!"[59] *„Altmann war mehr als ein gewöhnlicher Dienstmann, er war ein ‚praepositus', ein*

---

[58] Flohrschütz (1986): S. 149-150
[59] Flohrschütz (1973): S. 138-139

seines Standesgenossen übergeordneter örtlicher Befehlshaber [...] Außerdem wurde der Sitz bedeutend verstärkt: Der Hof Schellenberg wurde zu einem Ministerialensitz ausgebaut, ebenso Dietenfurt, der heutige Hof Furtner bei Gotzing."[60]

Wer war nun dieser Altmann von Derndorf, der auf den Militärposten Gotzing gesetzt wurde?

Altmann von Derndorf, mit Stammsitz zwischen Bad Feilnbach und Brannenburg, war ein Sohn des älteren Altmann von Derndorf (gest. um 1126 als Tegernseer [!] Ministeriale). Dieser ältere Altmann von Derndorf hatte – nach Flohrschütz – mindestens zwei Kinder: Den jüngeren Altmann von Derndorf, jetzt von Gotzing (gest. um 1175) und eine Tochter. Diese Tochter war verheiratet mit Friedrich von Schellenberg, dem Älteren (gest. um 1173). Der jüngere Altmann von Gotzing, war also der Schwager des Friedrich von Schellenberg (des Älteren). Friedrich und die Derndorf-Tochter hatten nachweislich mindestens vier Söhne Wernher, Rüdiger, Friedrich, den Jüngeren und Rudolf und eine Tochter Gertrud, wahrscheinlich verheiratet mit Heinrich von Dietenfurt. Friedrich, der Jüngere, dürfte für die späteren ,bildlichen' Ausführungen zur Neuburg / Schellenburg bei Lenggries noch von Bedeutung sein.

Weiter hat Flohrschütz in seinem Aufsatz[61] nachgewiesen, dass die meistens dieser elf waffenfähigen Männer aus dem verwandtschaftlichen Umfeld des älteren Altmann von Derndorf stammten. Altmann von Gotzing dürfte somit Gotzing und sein Schwager Friedrich von Schellenberg den neu errichteten Posten Schellenberg kommandiert haben.

---

[60] Flohrschütz (1986): S. 150
[61] Flohrschütz (1986): S. 163

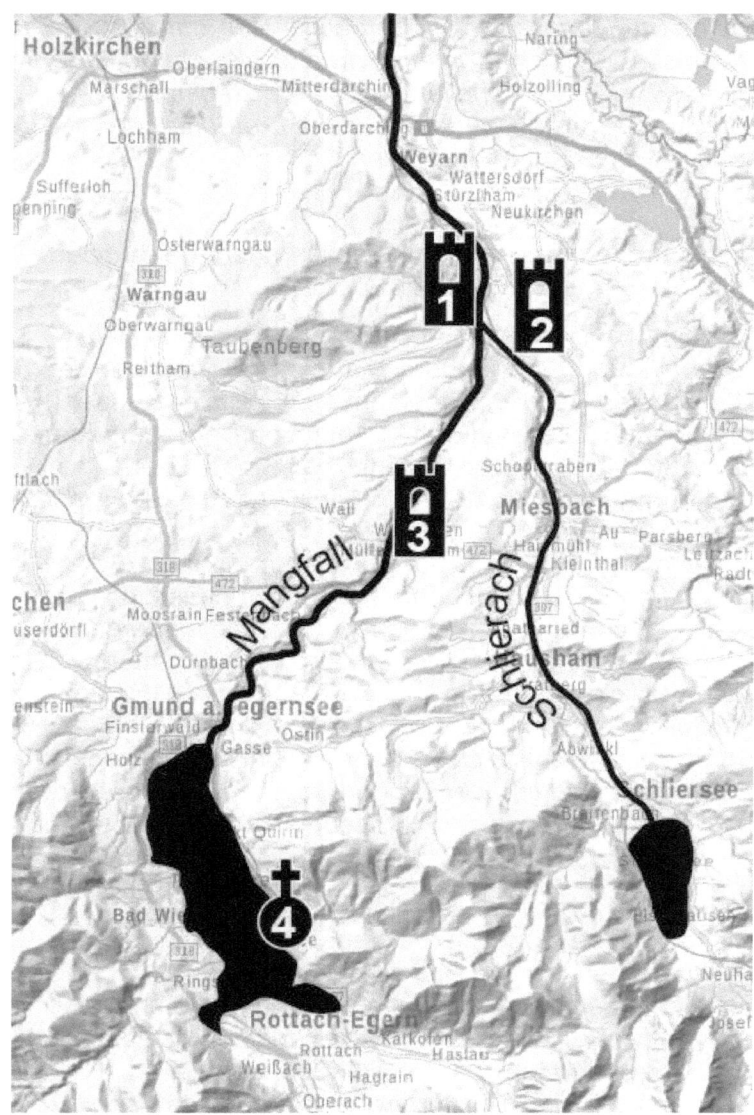

Abb. 30 Die Situation am Zusammenfluss von Mangfall und Schlierach.1) Gotzing 2) Pienzenau 3) Schellenberg (als Riegel vor dem Kloster Tegernsee?) 4) Kloster Tegernsee (Karte: Landesamt für Digitalisierung, Breitband und Vermessung)

10.3. Gotzing gegenüber Pienzenau

Betrachtet man die Landkarte (Abb. 30), so liegt Gotzing am Zusammenfluss von Mangfall und Schlierach. Auf der gegenüberliegenden Flussseite liegt die Burg Pienzenau, eine seit dem 11. Jahrhundert das Kloster Tegernsee sehr treu unterstützende Burg.

Wer waren nun diese Herren von Pienzenau mit ihrer Burg auf der gegenüberliegenden Flussseite?

"*Der erste Sproß dieses Geschlechts, der mit der Bezeichnung ‚de Pienzenowa' urkundlich verzeichnet ist, hieß Ratold und war 1046 als Zeuge in einer Urkunde des Udalschalks von Tann* [= Vater des Richer III. von Hohenburg] *an das Kloster Tegernsee thätig.*" [62]

Stammvater dieses Ratols dürfte ein Penzo gewesen sein, der als Tegernseer Dienstmann um 1000 n. Chr. vom Tegernseer Gut Kronwinkl[63] bei Landshut in die Pfarrei Au bei Aibling kam und dort Güter erwarb.[64] Einen Teil dieser Güter übergab im 14. Jahrhundert Christian von Pienzenau, *„der auf dem alten Stammgute in Pienzenau sitzt"[65]*, für die Pienzenauer Frühmesse an das Kloster Benediktbeuern.

---

[62] Wiedemann (1895): S. 200
[63] Neben der Bezeichnung ‚Kronwinkl' erscheint teilweise in den Urkunden auch der Name ‚Alten-Preysing'. Heute ist Schloss Kronwinkl (Gemeinde Eching, Kreis Landshut) der Hauptstammsitz der Grafen von Preysing.
[64] Bitterauf (1909): S. 288-289, Nr. 1435 bzw. Sturm (1931/1974): S. 403
[65] Wiedemann (1895): S. 203

Somit dürfte der Tegernseer Ministeriale Penzo von Au wahrscheinlich der Stammvater der späteren Pienzenauer[66] gewesen sein. Über Generationen hinweg hatten die Pienzenauer ein sehr enges Verhältnis zum Kloster Tegernsee. Auch die beiden Tegernseer Pröpste Ratold I. (ca. 1050) und Ratold II. (1078-1091) werden diesem Geschlecht zugerechnet. Noch 1213 erscheint ein Heinrich von Pienzenau als Tegernseer Ministeriale.[67]

Pienzenau war also über Jahrhunderte hinweg ein wichtiger militärischer Posten für das Kloster Tegernsee. Deshalb ist es nicht verwunderlich, dass der ‚Freisinger Wolf' Bischof Otto I. auf der gegenüberliegenden Flussseite der Mangfall seinerseits auch einen wichtigen Militärposten als Gegengewicht errichten ließ: nämlich Gotzing.

---

[66] Früher wurde sehr häufig auch „Benzenauer" geschrieben; vgl. z. B. Johann Michael Boxner, Geschichte der Edlen von Benzenau (1850)
[67] Wiedemann (1895): S. 200

10.4. Schellenburg an der Mangfall

Die genaue Lage der Schellenburg im Mangfalltal ist heute aus den Urkunden und Archivalien nicht mehr ersichtlich. Weißthanner lokalisiert die Schellenburg in seinen Schäftlarner Traditionen beim Mangfallaufstieg der heutigen Bundesstraße 472 (von Bad Tölz nach Miesbach kommend) und nennt auch einen Beleg hierfür: *„1453 verleiht Schäftlarn* [vgl. die Rodung am Wackersberg] *sein Gut ‚Schelenberg' an Ulrich ‚Pämair', später wird dieser Besitz als ‚Schelenberg Pämer' bzw. ‚Pämber am Schellenberg' oder zum ‚Pämber Schellenberg' bezeichnet.*"[68] Die Schellenburg dürfte also nahe bei der heutigen Einöde „Baumer" (westlich von Miesbach, am rechten Hangufer der Mangfall) gelegen sein. Zusätzlich gibt es direkt neben der Einöde ‚Baumer' einen Weiler ‚Wachlehen', dessen Ortsname ebenfalls auf eine militärische Funktion hindeutet. Auch die Karten des BayernAtlas lassen zwischen Baumer und der Mangfallkante sehr wahrscheinlich einen aufgelassenen Burgberg erkennen.

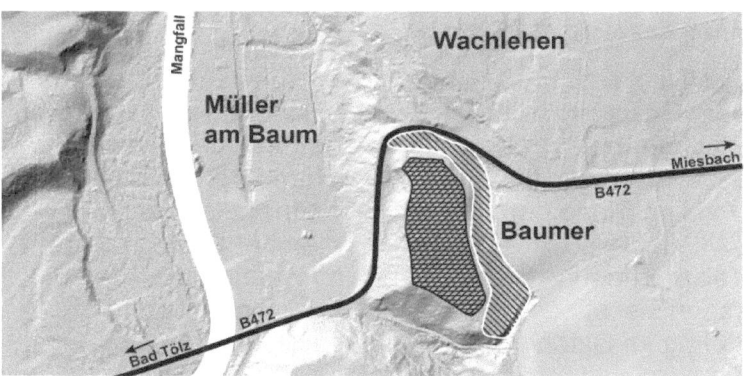

Abb. 31 Wahrscheinliche Lage der Schellenburg an der Mangfall (kariert) mit erkennbarem Graben (diagonal gestrichelt) (Karte: Landesamt für Digitalisierung, Breitband und Vermessung)

---

[68] Weißthanner (1953): S. 188–189, Nr. 191 inkl. Anm.

10.5. Situation im Kloster Tegernsee

Im Juni 1155 war Abt Konrad I. von Tegernsee gestorben. Nun musste ein neuer Abt gewählt werden. *„Im Sommer des Jahres 1155 richtete [Kaiser] Friedrich Barbarossa aus Italien einen Brief an den Tegernseer Konvent, in dem er die Mönche aufforderte, einen ihm genehmen und der Kirche nützlichen Abt zu wählen."*[69] Bischof Otto von Freising ermahnte daraufhin die Tegernseer Brüder, sich von niemand beeinflussen zu lassen. *„Sollten sie dennoch Angst vor dem Kaiser haben, sei er gerne bereit, einen eigenen Boten mit demjenigen der Brüder zum Kaiser zu schicken."*[70]

Zugleich hatte der Tegernseer Vogt Heinrich II. von Wolfratshausen, der eigentlich das Kloster beschützen sollte (!), *„die gesamte Abtei wie ein Eigengut in seine Gewalt gebracht und versucht, einen Nachfolger nach seinem Belieben beim König durchzusetzen, jedoch ohne Erfolg."*[71] Im Schriftverkehr des Klosters Tegernsee aus dieser Zeit wurde – wie oben bereits erwähnt – der Freisinger Bischof als ‚lupus Frisigensis‘, als ‚Freisinger Wolf‘ bezeichnet.

Die Wahl des Tegernseer Konvents fiel auf Rupert aus dem Geschlecht der Herren von Hohenburg. Rupert war (nach Franz Tyroller[72] und Sabine Buttinger[73]) ein Sohn des Udalschalk II. von Thann-Hohenburg. Dass diese Wahl im Sinne des Kaisers Friedrich Barbarossa war, bestätigt ein Schreiben vom September 1155, in dem Kaiser Friedrich Barbarossa den Hohenburger Rupert schon als ‚abbas de Tegrinso‘ bezeichnete und zum Hoftag im Oktober nach Regensburg einlud.[74]

---

[69] Buttinger (2004): S. 74
[70] Buttinger (2004): S. 75
[71] Buttinger (2004): S. 76
[72] Wegener und Tyroller (1962): Tafel 36
[73] Buttinger (2004): S. 81
[74] Buttinger (2004): S. 77

Abt Rupert erhob bald nach seiner Wahl Anno 1155 wegen der Übergriffe[75] des Vogtes Heinrich II. von Wolfratshausen Klage beim Kaiser und erhielt im März 1157 auf dem Reichstag in Würzburg ein kaiserliches Diplom, mit dem die bislang erfolgreich beanspruchten Rechte Heinrichs II. von Wolfratshausen erheblich eingeschränkt wurden; so erhielt z.B. Abt Rupert das Recht der niedrigen Gerichtsbarkeit.[76]

Der Kaiser zitierte 1157 beide (Abt Rupert und Vogt Heinrich) zu sich an den Hof und verfügte, dass Graf Heinrich dem Abt Rupert küssen müsse, was dieser auch tat. Dies führte zum offenen Streit zwischen Abt Rupert und Vogt Heinrich. *„Tief gekränkt über die erlittene Niederlage vor dem Kaiser und dem Hof trachtete er [...] dem verhassten Abt Rupert nun nach dem Leben."*[77] Auf der Rückreise vom kaiserlichen Hoftag wollte Heinrich den Tegernseer Abt Rupert, als dieser in Hartpenning nächtigte, von seinen Rittern ermorden lassen. Der Plan wurde jedoch verraten und Abt Rupert konnte fliehen. Heinrich zog nun mit seinen Rittern weiter nach Tegernsee, da er dort ein *‚Vogtding'* (einen Gerichtstag) angesetzt hatte, bei dem er von den Hintersassen vierfach höhere Abgaben forderte als üblich. Im dortigen Kloster kam es nun zu einem Sauf- und Spottgelage der Ritter. So lästerten die Ritter u. a. in

---

[75] Heinrich von Wolfratshausen hatte bereits 1140 die Burg Valley angegriffen. Die Grafen von Valley gehörten durch Mathilde von Peilstein, Ehefrau des Richer V. von Hohenburg zum erweiterten verwandtschaftlichen Umfeld der Hohenburger; die Pienzenauer gehörten ebenfalls zum Umfeld der Valleyer und Falkensteiner.

[76] Buttinger (2004): S. 137-138

[77] Buttinger (2004): S. 140-143

der Kirche mit *„frevlerisch und mit schändlichen Gesang zu Gott und den Heiligen"* (z.B. *„Der Abt mit seinem Pöbel ruft den heiligen Quirinus gegen uns an, und wir tun das gleiche gegen ihn").*[78]

Sieben Tage später erkrankte Graf Heinrich auf der Jagd schwer und starb kurz darauf am 2. Mai 1157. Da Heinrich kinderlos war, fiel seine Grafschaft und auch die Tegernseer Vogtei an den nächsten Verwandten, den Grafen Berthold III. von Andechs.[79]

Mit dem neuen Vogt Berthold III. verband Abt Rupert nun ein sehr enges und freundschaftliches Verhältnis. Schon bald nach seiner Ernennung schrieb Berthold von Andechs an seinen *„geliebtesten Freund"*[80] Abt Rupert.

---

[78] Buttinger (2004): S. 141
[79] Buttinger (2004): S. 142 und 145
[80] Buttinger (2004): S. 146

10.6. Situation auf dem Wackersberg

Wie bereits bei der Situation im Mangfalltal dargestellt, ließ Bischoff Otto I. gegenüber einer dem Kloster Tegernsee äußerst wohlwollenden Burg einen massiven Militärstützpunkt errichten. Gleiches könnte man sich auch sehr gut für das Isartal bei Lenggries vorstellen, da die Herren von Hohenburg – nicht erst seit der Wahl des Abtes Rupert – stets eng mit dem Kloster Tegernsee verbunden waren. Somit hätte auch die Rodung des Wackersberges um 1155/58 ein politisches Ziel verfolgt: Gegengewicht zum Einflussbereich des Klosters Tegernsee im Isartal.

Es war dies die Zeit politischer Spannungen. So ließ Herzog Heinrich, der Löwe, etwa zur selben Zeit (im Jahre 1158) die Zollbrücke des Bischofs Otto von Freising bei Föhring zerstören und errichtet eine neue Zollbrücke weiter südlich, aus der das heutige München entstand.

Sehr wahrscheinlich hat Bischof Otto deshalb – im Zuge der Rodungen von 1155/58 – auch den Auftrag erteilt, auf der ‚Wackersberger Seite‘ der Isar eine Burg zu errichten.

Geschichtlich wurde alles links der Isar bis zum Rauchenberg noch bis mindestens 1715 als Ober- und Unter-Wackersberger Viertel bezeichnet. Erst 1715 wurde das Oberwackersberger Viertel, in dem die Neuburg lag, unter der Bezeichnung ‚neue Hofmark‘ in die Hofmark Hohenburg eingegliedert und gehört daher heute zum Gemeindegebiet von Lenggries (vgl. dazu im Beitrag von Scheitler Kapitel 6).

Betrachtet man die Landkarten, so ist die Situation in beiden Tälern (Mangfall, Isar) sehr ähnlich:

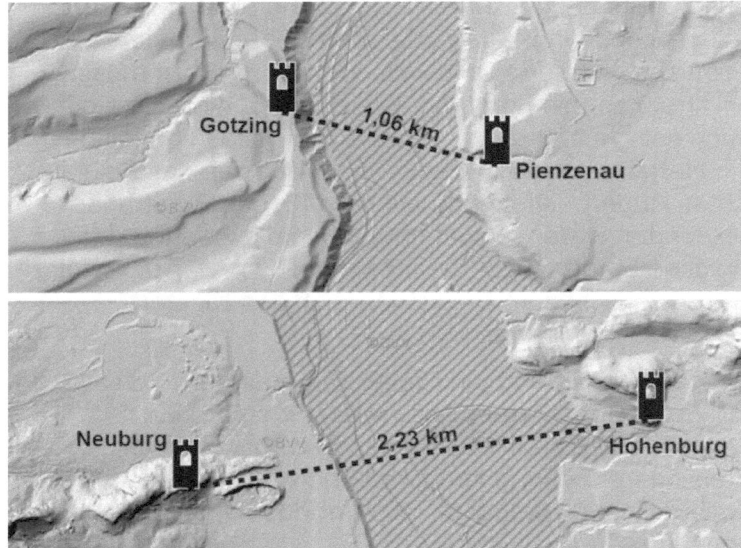

Abb. 32 Ähnliche Situationen an Mangfall und Isar (Karte: Landesamt für Digitalisierung, Breitband und Vermessung)

Weiter könnte man sich sehr gut vorstellen, dass Bischof Otto bzw. sein Nachfolger Bischof Albert ein Mitglied der Gotzing-Schellenberg-Sippe auf diese Burg gesetzt hat. Den Zeitpunkt der Erstbesetzung der Burg kann man heute nicht mehr nachvollziehen, dürfte aber um 1160/65 gewesen sein.

11. Das Verschwinden derer von Gotzing und derer von Schellenberg an der Mangfall

Bischof Otto I. von Freising starb – auf dem Weg zum Generalkapitel in Cîteaux – am 22. November 1158 im Kloster Morimond, Frankreich.

Nachfolger auf dem Freisinger Bischofsstuhl wurde sein Stellvertreter Albert von Harthausen (1158-1184). Albert vertrat des Öfteren Bischof Otto bereits als Dompropst und dürfte deshalb in mehreren Angelegenheiten die gleiche politische Richtung eingeschlagen haben wie sein Vorgänger. Auch der neue Bischof Albert hatte zu Abt Rupert ein Verhältnis, das *„nicht immer konfliktfrei"*[81] war.

Abb. 33 Albert I. von Freising (1158-1184) im Fürstengang zwischen Fürstbischöflicher Residenz und Freisinger Dom

Einerseits zeigten beide Respekt einander gegenüber und luden sich gegenseitig zu Versammlungen ein, andererseits feindeten sie sich immer wieder äußert intensiv an. *„Doch das gute* Einvernehmen [in Grundbesitzangelegenheiten] *wurde getrübt durch ständige Auseinandersetzungen zwischen Bischof und Abt* [bei der Durchsetzung bestimmter Rechte]."[82]

---

[81] Buttinger (2004): S. 157
[82] Buttinger (2004): S. 158

Erst Papst „*Urban III.* [Nov. 1185 – Okt. 1187] *beendete* [...] *die langwierigen und kräftezehrenden Konflikte, die die Tegernseer Äbte Konrad I. und Rupert [...] mit den Freisinger Bischöfen ausgefochten haben.*" [83]

Diese Beendigung der Konflikte wurde sicherlich auch dadurch bedingt, dass im November 1184 Bischof Albert und im Mai 1186 Abt Rupert starben. Der nun folgende Bischof Otto II. (1184-1220) war – im Gegensatz zu seinen beiden Vorgängern Otto I. und Albert – ein großzügiger Wohltäter des Klosters Tegernsee und stattete dieses mit mehreren Rechten aus.

Abb. 34 Otto II. von Freising (1184-1220) im Fürstengang zwischen Fürstbischöflicher Residenz und Freisinger Dom

So wurde u.a. im Jahre 1187 das Recht der Taufe und des Begräbnisses der Bewohner von Tegernsee und (Rottach-)Egern von der Pfarrei Gmund an das Kloster Tegernsee übertragen.[84] Im Jahre 1190 wurden die Tegernseer Rechte am Kloster Dietramszell noch einmal bestätigt und erweitert.[85] Außerdem erhielt das Kloster Tegernsee die Zollfreiheit in der Stadt München (zusammen mit dem Kloster Rott).[86]

---

[83] Buttinger (2004): S. 164

[84] Meichelbeck (1724): S. 379

[85] BayHStA, Kloster Tegernsee, Urkunde 15/2

[86] BayHStA, Kloster Rott, Urkunde 26; Zollfreiheiten des Bischofs Otto II. nochmals bestätigt Anno 1239.

Doch nun wieder zurück zu Bischof Albert. Wie oben bereits kurz angedeutet, ging es Bischof Albert mehr um das Einkassieren bestimmter Tegernseer Rechte als um den Grundbesitz. Aus diesem Grunde begann er den militärischen Stützpunkt Gotzing allmählich wieder abzubauen. *„Mit dem Tod des mächtigen und rührigen Bischofs* [Otto I.] *begann der Stützpunkt Gotzing zu bröckeln. [...] Seit 1185/87 endigte die Rolle Gotzings als Freisinger Ministerialenstützpunkt"*[87], da ihn Alberts Nachfolger, Bischof Otto II., faktisch aufgelöst hatte.

Aus diesen Gründen begannen die Herren von Gotzing und Schellenberg (zusammen mit den Herren von Raubling) ab 1170 (bis ca. 1180) immer wieder Teile ihres Besitzes in Gotzing und Schellenberg an das Kloster Schäftlarn zu übertragen.

1170	Herren von Dietenfurt
	Teile von Gotzing, auf denen Heinrich von Raubling sitzt[88]
1172	Altmann von Gotzing
	Teile von Gotzing[89]
1172	Werner von Gotzing
	Teile von Schellenberg[90]
1175	Heinrich von Raubling
	verzichtet auf Ansprüche bzgl. Gotzing[91]

---

[87] Flohrschütz (1986): S. 150
[88] Monumenta Boica (1767), Band 8, S. 437
[89] Weißthanner (1953): S. 172-173, Nr. 173
[90] Weißthanner (1953): S. 188-189, Nr. 191 inkl. Anm.
[91] Weißthanner (1953): S. 211-212, Nr. 213

1179	Rudolf von Gotzing, Sohn des Friedrich verzichtet auf Gotzing[92]
????	Friedrich von Schellenberg bzw. Gotzing
	Teile von Schellenberg vermutlich an Schäftlarn[93]; (eventuell 1172 ~ zur Sicherung seines Seelenheils?)

Die Mitglieder der Sippe Gotzing-Schellenberg hatten also um 1180 nahezu ihren gesamten Grundbesitz im Gebiet um Gotzing bzw. Schellenberg an das Kloster Schäftlarn übergeben und begaben sich deshalb in die Dienste verschiedener Herren, *„weil anscheinend ihre wirtschaftliche Basis zu schmal war"*: [94]

- Werner von Schellenberg   Valley
- Friedrich von Schellenberg   Tegernsee
                             (+ Schäftlarn; Anm.)
- Heinrich von Schellenberg   Andechs
- Herren von Dietenfurt   Schäftlarn

Spätestens um 1200 ist das Geschlecht derer von Gotzing-Schellenberg faktisch völlig zerfallen und die Mitglieder dieser Sippe sind in den *„verschiedensten Richtungen"* [95] (geographisch und auch dienstmännisch) zerstreut.

Man könnte sich deshalb auch sehr gut vorstellen, dass ein Mitglied dieser Sippe auf der Neuburg (bzw. Schellenburg) bei Lenggries gesessen hat.

---

[92] Weißthanner (1953): S. 223-224, Nr. 226 incl. Anm.
[93] Spätestens 1453 gehörte Gesamt-Schellenberg dem Kloster Schäftlarn; vgl. Weißthanner (1953): S. 188-189, Nr. 191 incl. Anm.
[94] Flohrschütz (1986): S. 150 und Flohrschütz (1973): S. 242
[95] Flohrschütz (1986): S. 150

12. Die Herren von Schellenberg auf der Neuburg?

An dieser Stelle stellt sich nun die Frage: Welches Mitglieder der Sippe Gotzing-Schellenberg wäre hierzu am besten geeignet?

Da die Lenggrieser ‚Newnburg' spätestens seit 1289 zum Grundbesitz des Klosters Tegernsee gehörte[96], muss es eine Person sein, die diesem Kloster sehr nahestand.

Der Blick fällt deshalb auf die beiden Friedriche von Schellenberg, die als einzige der Familie im Dienste des Klosters Tegernsee standen.[97]

Friedrich, der Ältere, dürfte sehr wahrscheinlich vor seiner Hochzeit mit der Schwester des Altmanns von Gotzing und dem strategischen Ausbau Gotzings und Schellenbergs im Dienste des Klosters Tegernsee-St. Quirin gestanden sein. *„Noch 1157/63 zeigt sich Friedrich unter den Dienstmannen St. Quirins. Bischof Otto I., der die Verhältnisse seiner Ministerialen im Mangfallraum neu geordnet hat, zeichnet wohl auch für die Gründung des Stammsitzes Schellenberg verantwortlich."* [98]

---

[96] Holzfurtner (1985): S. 127
[97] Acht (1952): S.234, Nr. 311 und S. 303, Nr. 392
[98] Flohrschütz (1973): S. 241

Eventuell kam Friedrich aus dem heutigen Landkreis Erding. Dort hatte das Kloster Tegernsee – laut dem ältesten Urbar – Besitz in einem Ort ‚Schellinperch'.[99] Mit dem Ausbau und der Gründung des Postens ‚Schellenberg' bei Gotzing dürfte Friedrich die ‚Seiten gewechselt' haben und in den Dienst des Bischofs von Freising getreten zu sein.[100]

Friedrich, der Ältere, soll um 1172/73 verstorben sein[101], also zu einer Zeit, da Bischof Albert begann, die beiden Stützpunkte Gotzing und Schellenberg wieder abzubauen. Gut vorstellbar ist deshalb, dass Friedrich kurz vor seinem Tod seinen Besitz in Schellenberg oberhalb der Mangfall als Seelenheil an das Kloster Schäftlarn vermacht hat.

Bezüglich der Dienstbarkeit verhält es sich bei seinem Sohn Friedrich, den Jüngeren, ähnlich. Dieser erscheint ebenfalls als Dienstmann beider Klöster. 1192 zählte er zur ‚familia' des Klosters Schäftlarn.[102] Allgemein sieht ihn Flohrschütz aber als Tegernseer: *„Fridrich v. Schellenberg gehörte anscheinend zu den Dienstmannen St. Quirins."* [103]

Interessant ist dabei die Eingruppierung unter den Mitgliedern der ‚familia'. Flohrschütz hat nämlich festgestellt, *„dass wir bei den Zeugen ‚de familia' bis ca. 1140 ritterbürtige Männer vor uns haben, nicht mehr aber bei den seit ca. 1150 genannten Personen"[104].*

---

[99] Holzfurtner (1985): S. 143 „vermutlich abgegangener Ort nö. von Loiperding" (heute Gemeinde Buch a. Buchrain; Anm.)
[100] Flohrschütz (1973): S. 241
[101] Flohrschütz (1973): S. 242
[102] Weißthanner (1953): S. 298-300, Nr. 298
[103] Flohrschütz (1986): S. 150
[104] Flohrschütz (1988): S. 250-251

Der jüngere Friedrich, der um 1195/96 verstorben sein soll[105], dürfte somit im Laufe seines Lebens vom kriegerischen Ritter (die politische Lage hatte sich ja inzwischen entspannt) zum ‚Beamten' des Klosters Schäftlarn gewechselt haben.

Es stellt sich die Frage, was dies für die Lenggrieser Neuburg bedeuten könnte. Gut vorstellbar, dass der junge Friedrich als Schäftlarner Ritter auf die Neuburg kam. Im Laufe seines Lebens hat er sich dort immer mehr dem ‚Beamtentum' zugewandt und Verwaltungsaufgaben übernommen, da sich die politische Situation entspannt hatte. Dies würde auch erklären, warum die Neuburg später nur noch als Kastenamt bezeichnet wurde.

Friedrich von Schellenberg könnte des Weiteren identisch sein mit einem Zeugen „Fridericus de Nivwenberch", der um 1186/87 in den Traditionen des Kosters Tegernsee – zusammen mit einem „Otto de Nivwenberch – als Zeuge erscheint. Peter Acht, hat den Sitz der beiden Zeugen und der Stifterin an die Isar gelegt:[106]

„Sophie von Neuenburg (abgeg. Burg an der Isar LK Tölz), Tochter Rudolfs von Hohenwaldeck (Ruine am Schliersee LK Miesbach), überträgt Kinder der Adelheid von Hohenbrunn (LK München) als Zinspflichtige.   *(1186-87)"*

In dieser Urkunde von ca. 1186/87 übergab also Sophie von Neuburg, Tochter des Rudolf von Waldeck, Zinspflichtige aus Hohenbrunn an das Kloster Tegernsee. Rudolf von Waldeck war – nach Franz

---

[105] Flohrschütz (1973): S. 242
[106] Acht (1952): S. 273, Nr. 356

Tyroller und Sabine Buttinger[107] – verheiratet mit einer Schwester des Tegernseer Abtes Rupert von Hohenburg. Auch dies würde für die Neuburg bei Lenggries sprechen.

Diese These wird dadurch noch bekräftigt, dass zwischen 1157/1163[108] und 1206/1217[109] der Name *„Friedrich"* 17-mal in den Traditionen von Tegernsee erscheint. Sieht man sich alle 17 Einträge an, so bleibt praktisch nur Friedrich von Neuburg übrig, der mit dem Tegernseer Dienstmann Friedrich von Schellenberg identisch sein kann. Alle anderen Friedrich passen wegen ihrer Wohnorte bzw. Aufgaben / Funktionen für das Kloster nicht zum Tegernseer Dienstmann Friedrich von Schellenberg.

- Ein in den Traditionen genannter Friedrich war Kaiser Friedrich (Nr. 315 a/b).
- Dann erscheint Friedrich von Porthaus des Öfteren (Nr. 223 b, 249, 250, 281 b, 290 b, 303, 305, 311, 351 a). Da er ebenfalls in der Urkunde Nr. 311 genannt ist, muss er personenverschieden von Friedrich von Gotzing-Schellenberg sein.
- Dann gibt es eine Gruppe von Friedrichen, die im Gebiet um Parsberg, Fischbachau sitzen und dort

---

[107] Wegener und Tyroller (1962): Tafel 36 bzw. Buttinger (2004): S. 81

[108] Abt Rupert hat Ansprüche gegen Altmann von Gotzing; vgl. Acht, Urkunde Nr. 311; Zeuge ist u. a. Friedrich von Schellenberg, genannt als Friedrich von Gotzing; Friedrich von Schellenberg sitzt also sicherlich noch im Raum Gotzing/Schellenberg.

[109] Irmgard von Schellenberg, die Witwe des Friedrich von Schellenberg gibt Leibeigene an das Kloster Tegernsee; vgl. Acht, Urkunde Nr. 392

schon erwähnt sind, als Friedrich sicherlich noch in Gotzing/Schellenberg saß. (Nr. 314, 324, 329 a).

- Eine weitere Gruppe von Friedrichen ist geographisch zu weit weg (Räume Regensburg, Dachau, Landshut, Ebersberg; Nr. 334, 380 a, 380 b, 387, 390).
- Als letztes wäre eine Gruppe von Friedrichen zu nennen, die nicht standesgemäß waren (der Beter, der Diener, der Wirt von Valley; Nr. 344 c, 363, 385, 386, 392).

Streicht man alle diese Friedriche auf einer Liste, so bleibt nur Friedrich von Neuburg übrig.

Jetzt stellt sich die Frage, ob mit „Neuburg" die neue Burg bei Lenggries gemeint war. Peter Acht, der die Traditionen von Tegernsee verfasst hat, bejaht diese Frage (vgl. Fußnote 106).

Andere Forscher setzen die Neuburg gleich mit der Neuburg bei Vagen (Feldkirchen-Westerham). Diese gehörte den Grafen von Neuburg-Falkenstein, in deren Familie keine Friedriche bekannt sind. Somit bleibt im Einflussbereich des Klosters Tegernsee offenbar nur die Neuburg bei Lenggries als Sitz des Friedrich von Neuburg übrig.[110]

Weiter spricht für diese These, dass Friedrichs Sohn Heinrich im Dienste der Grafen von Andechs stand.[111]

Laut Johann Baptist Büchels, Geschichte der Herren von Schellenberg, soll[112] (!) um 1200 ein Andechser

---

[110] ‚Neuenburg' bei Lenggries ist die einzige Neuburg im ältesten Urbar des Klosters Tegernsee, vgl. Holzfurtner (1985): S. 163 (Register)
[111] Flohrschütz (1986): S. 150
[112] Die Zuverlässigkeit dieser Aussage wird später noch ausführlicher erörtert!

Dienstmann aus dem Geschlecht derer von Schellenberg von Lenggries aus in das heutige Liechtenstein eingewandert sein (durch die Reichspolitik der Staufer dorthin versetzt?[113]) und dort die Sippe derer von Schellenberg begründet haben.[114] (Der Sachverhalt des Ortswechsels von Lenggries nach Liechtenstein wird in Kapitel 14 noch ausführlicher dargestellt.)

Zeitlich würde die Aussage Büchels auch sehr gut zu den Ereignissen der Familie von Schellenberg im Raum Bad Tölz / Miesbach passen.

Um 1206/1217 gab Irmgard von Schellenberg – nach dem Tod ihres Gatten Friedrich und ihres Sohnes Heinrich – Leibeigene, die sie zusammen mit ihrem verstorbenen Ehemann und ihrem verstorbenen Sohn Heinrich vom Kloster Tegernsee erhalten hatte, an dieses Kloster zurück.[115] Auch dieser Vorgang lässt m. E. erkennen, dass Friedrich eine Funktion (als Beamter?) für das Kloster Tegernsee ausgeübt hat, da ihm Leibeigene von diesem Kloster zur Verfügung gestellt wurden.

Mit dieser Rückgabe dürfte die mögliche Ära der Schellenberg auf der Neuburg bei Lenggries kurz nach 1200 geendet haben.

Dies würde auch erklären, warum heute so wenig über die Neuburg bzw. Schellenburg bekannt ist, da die ‚neue Schellenburg' (?) bei Lenggries nur wenige Jahre (ca. 30 bis 40 Jahre – von geschätzten Fertigstellung um 1165 bis zum Aussterben der von Schellenberg um 1205; Friedrich, der Jüngere starb um 1195/96) für strategische Zwecke und politische Interessen von Bedeutung war.

---

[113] vgl. Dopsch (1994): S. 434 ff bzw. Dopsch et al (1999): S. 434 ff bzw. Burmeister(1980): S. 52 ff
[114] Büchel (1907): S. 8-12
[115] Acht (1952): S. 303, Nr. 392

Außerdem kann man sich sehr gut vorstellen, dass die Witwe Irmgard später noch die Eigentumsrechte an der Burg an das Kloster Tegernsee übertragen hat. Dies wurde sehr oft von Witwen gemacht, um das Seelenheil von Angehörigen zu sichern.

Tatsache ist, das spätestens 1289 die ‚Neuburg‘ (mit dieser Bezeichnung) nachweislich zum Grundbesitz des Klosters Tegernsee gehörte.[116]

---

[116] Holzfurtner (1985): S. 127

13. Die Schneck auf der Neuburg

Wie könnte es nun – nach dem vermeintlichen Aussterben der Schellenberger – auf der Neuburg bei Lenggries weitergegangen sein?

Laut dem ältesten Urbar des Klosters Tegernsee aus dem Jahre 1289 gab ein Schneck von der Neuburg bei Lenggries 300 Käse an das Kloster Tegernsee (*„Item Newnburch Snekko CCC caseos"* [117]). Fünf Einträge später erscheint noch: *„Item Alber Snek CCC caseos"* (wahrscheinlich der heutige Weiler ‚Schnegg" in der Gemeinde Wackersberg, ehe dann drei Eintragungen weiter *„To*e*lz"* folgt).

Die Neuburg (Schellenburg) war also im Jahre 1289 ein landwirtschaftlicher Betrieb, eine Schweige. Da die Abgaben auf dieser linken Isarseite fast ausschließlich aus Käse bestanden, muss hier – nach der Rodung um 1155/58– intensive Landwirtschaft betrieben worden sein. 13 Güter auf dieser linken Isarseite hatten insgesamt 2.850 Käse zu liefern, was eine Durchschnittslieferung von knapp 220 Käse pro Gut bedeutete. Die Abgabe der Schneck lag also weit über dem Durchschnitt (ca. 37 % mehr).

Bezüglich dieser Tatsachen stellen sich nun wieder zwei Fragen:

1) Wer waren die Schneck?

2) Warum wurde die Neuburg von einer Burg in eine gutgehende Schwaige umgewandelt?

---

[117] Holzfurtner (1985): S. 127; bezüglich der ‚Newnburch' schreibt Holzfurtner: *„Neuenburg, abgegangene Burg, Gde. Lenggries [Acht, Trad.Teg., Register]"*

13.1. Wer waren die Schneck?

Mit dem ‚*Todfall*' starb sehr wahrscheinlich die Linie des Friedrichs von Schellenberg und dessen Sohn Heinrich aus. Somit dürfte die Schellenburg bei Lenggries um 1206/17 zunächst ‚verwaist' gewesen sein und könnte von den Schneck (als Tegernseer Lehen?) übernommen worden sein.

Die Schneck waren ursprünglich Andechser und später auch Tegernseer Ministerialen, also in ihrer Funktion den Schellenbergern gleichgestellt. Auch sie erscheinen später sowohl als Ritter als auch als Beamte für das Kloster Tegernsee.[118] Die Schneck könnten sich also durchaus nach dem Aussterben der Herren von Gotzing-Schellenberg im Gebiet des linken Isarufers angesiedelt haben und deren Aufgaben und Funktionen übernommen zu haben.

Der Tegernseer Klostervogt Graf Berthold von Andechs hatte einen *„advocato"* bzw. *„judices"* (Richter) Heinrich Schneck, den er als Untervogt für das Kloster Tegernsee einsetzte.[119] Die Schneck mussten also, im Auftrag der Grafen von Andechs, das Kloster Tegernsee beschützen. Um 1180/86 erscheint erstmals dieser *„Heinricus Snekke"* als Zeuge in den Traditionen von Tegernsee (als erster Vertreter der Sippe ‚Schneck' im Raum Tegernsee überhaupt). In dieser Urkunde schenkten Adalbert von Hohenburg und seine Gattin Agnes ihren gesamten Besitz an das Kloster Tegernsee.[120]

---

[118] Flohrschütz (1986): S. 154-155 u. 181
[119] Oefele (1877): S. 55 und
Holzfurtner/Sandberger (1993): S. 50
[120] Acht (1952): S. 264, Nr. 348 a;
bei Baumann (1914), wird der Sitz des
Heinrich Schneck mit Wolfratshausen
angegeben [vgl. Register bei Baumann];

Kurze Zeit zuvor (Ende 1167/Anfang 1181) erscheint derselbe „*Heinricus Snecco*" bereits zum ersten Mal als Zeuge für die Herren von Hohenburg in einer Benediktbeuerner Urkunde.[121]

Durch diese Urkunden kann man erkennen, dass die Mitglieder der Familien Schneck und von Hohenburg sehr freundschaftlich miteinander verbunden waren. Somit kann man sich sehr gut vorstellen, dass ein den Hohenburgern wohlwollendes Geschlecht gegenüber der Hohenburg angesiedelt wurde.

Die Mitglieder der Schneck-Sippe übernahmen nach ihrer Einsetzung als Untervögte verschiedene Aufgaben für das Kloster Tegernsee und erschienen immer wieder als Zeugen. Einer der Stammsitze der Schneck im Tegernseer Tal war der Burgstall ‚Hebertshus' oder auch ‚Ebertshausen' genannt (bei Kaltenbrunn, Gemeinde Gmund), nach dem sie sich ab 1217/42 auch ein Familienzweig nannte.[122] Zu diesem Sitz gehörte ein Nebensitz, das sog. Schwaighaus (heute St. Quirin). Als Tegernseer Ritter (nicht Beamte) sind u. a. belegt „*Konrad und sein Bruder Ulrich die Schnecken*" sowie ein weiterer „*Ulrich Schneck*".[123]

---

allgemein gilt aber Perlach bei München als Stammsitz der Schneck

[121] Bitschnau/Obermair (2012): S. 249, Nr. 717

[122] Flohrschütz (1986): S. 154-155; nach den Ausführungen von Flohrschütz endete um 1190/1210 in Herbertshaus das ursprünglich dort ansässige Geschlecht derer ‚von Herbertshaus-Schwaighaus'. Die Schneck dürften somit ebenfalls um 1200 (analog zur Neuburg bei Lenggries?) diesen Burgensitz übernommen haben.

[123] Flohrschütz (1988): S. 248-249

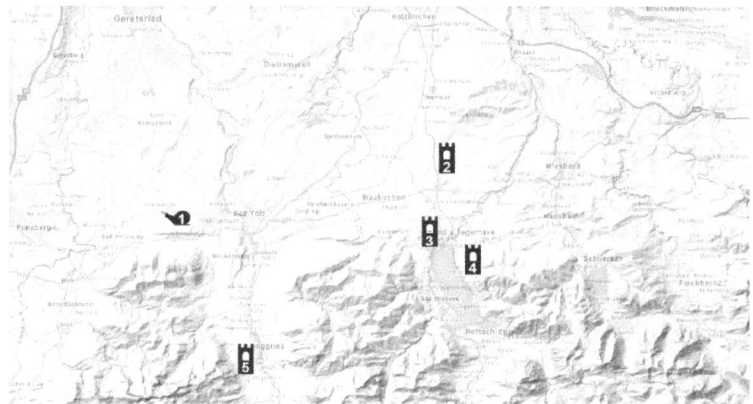

Abb. 35 Sitze der Schneck: 1) Weiler Schnegg 2) Bernloh 3) Ebertshausen 4) Schwaighaus 5) Neuburg (Karte: Landesamt für Digitalisierung, Breitband und Vermessung)

„Sie scheinen die dortige Burg [Hebertshaus] *geerbt zu haben. [...] Die* [eigentliche] *Schneckenburg erhob sich* [aber] *bei Laffenthal* [=die Bürg bei Bernloh zwischen Warngau und Gmund]*; vermutlich sind die Schnecken auch in das Erbe dieser Familie eingetreten".*[124]

Als Ministerialen des Klosters Tegernsee sind die *„Snekke"* (lat. *„Testudines"*) bis ins das Jahr 1256 belegbar.[125] Danach erscheinen sie nicht mehr in dieser Funktion. Auch in den Schäftlarner Traditionen erscheinen sie letztmals im Jahre 1256.[126] Die Schneck dürften also nach 1256 wichtige politische Funktionen verloren haben und sozial abgestiegen sein.

Warum die Schneck zeitgleich aus den Traditionen von Tegernsee und Schäftlarn verschwinden, könnte mit den unrühmlichen Handlungen des Tegernseer Abtes Berthold II. Schneck im Zusammenhang stehen.

---

[124] Flohrschütz (1986): S. 181
[125] Holzfurtner (1985): S. 13 (Stichwort „Ebertshausen")
[126] Weißthanner (1953): S. 436, Nr. 446 zusammen mit dem Register

13.2. Warum wurde die Burg zur gutgehenden Schwaige?

Der Tegernseer Abt Berthold II. Schneck und der zeitgleiche Untergang seines Geschlechts

Einiges über das Leben und Wirken des Tegernseer Abtes Berthold II. Schneck erfahren wir aus der Chronik des Stifts Melk in Niederösterreich. Der dortige Abt Walther musste immer wieder an Papst Martin IV. Berichte über die Zustände im Kloster Tegernsee schicken. Durch diese Berichte sind das Leben und die gewalttätigen Handlungen des Abtes Berthold II. sehr gut dokumentiert.[127]

Im Jahre 1242 wurde – obwohl er kein Priester war – Berthold Schneck von den Mönchen des Klosters Tegernsee zum neuen Abt gewählt. Da es bei der Wahl zu Unregelmäßigkeiten gekommen war (es waren angeblich auch weltliche Wahlmänner beteiligt), verweigerte der Freisinger Bischof Konrad (aus dem Geschlecht der Herren von Hohenburg) die formale Anerkennung und später auch noch die Priester- und Abtweihe.

Berthold Schneck ließ deshalb seine Wahl durch den Salzburger Erzbischof Eberhard bestätigen und ließ sich von diesem auch zum Priester und Abt weihen. In der Chronik von Melk ist hierüber folgendes vermerkt:

---

[127] Keiblinger (1851): S. 333

„Um sich seiner angemaßten Würde zu behaupten, stieß der ehrgeizige Mann alle Mönche ohne Rücksicht auf adelige Geburt und hohes Alter aus dem Kloster, und wählte andere Genossen, die mit Waffen umzugehen wussten (armigeros) und durch physische Kraft seiner ungerechten Sache Vorschub leisten konnten und wollten. Nun verschleuderte er die Güter, welche für die adeligen Erbämter des Kloster bestimmt waren, indem er sie verkaufte, zu Lehen oder burgrechtsweise verlieh, verpachtete oder verschenkte; und nicht einmal die Kelche, Rauchfässer und Meßkleider schonte. Von den Untertanen erpresste er mit Gewalt und allerlei Torturen viel Geld, unterwarf seine Mönche weltlichen Richtern und Gerichtsstellen, legte einige in Bande, und verletzte die Immunität verschiedener Kirchen."[128]

Bischof Konrad von Freising versuchte deshalb als ‚Dienstvorgesetzter' des Öfteren die gewalttätigen Handlungen des Abtes Berthold per Anordnung und Verfügung zu unterbinden, aber *„vor den verhängten Maßnahmen seines Bischofs schützten ihn sein Anhang und dessen brachiale Gewalt."*[129] Der *„Bischof [...] vermochte nichts gegen dieser Leute bewaffnete Verwegenheit"*[130] zu tun.

Erst durch das Einschalten des Papstes und durch den Zusammenschluss der Geistlichkeit und der Bauern im Machtbereich des Tegernseer Klosters konnte das wilde und eigenmächtige Handeln des Abtes Berthold gebrochen werden und er wurde 1248 offiziell für abgesetzt erklärt.[131]

---

[128] Keiblinger (1851): S. 333; bevor der Streit entschieden war und Abt Berthold 1248 abgesetzt wurde, starb Abt Walther aus Melk im Jahre 1247. Daher war der Ausgang des Streites um das Kloster Tegernsee nicht mehr in diesen Quellen verzeichnet.
[129] Mathäser (1981): S. 78
[130] Keiblinger (1851): S. 333
[131] Keiblinger (1851): S. 333

Bischof Konrad aus dem Geschlecht der Herren von Hohenburg und sein Bruder Gebhard dürften deshalb kein großes Interesse gehabt haben, dass gegenüber ihrer Lenggrieser Hohenburg weiterhin ein vermeintliches Mitglied der Familie Schneck als Ritter oder Beamter auf einer Burg saß. Die Neuburg bei Lenggries dürfte deshalb spätestens um 1250 ihre Funktion als Burg verloren haben und verfiel bzw. wurde für landwirtschaftliche Zwecke genutzt (*„Niederschweig auf Neuburg"*[132]). Scheinbar hat man dann um 1250/60 die gesamte Schneck-Sippe ‚amtlich' in den bäuerlichen Stand ‚strafversetzt'[133], da zeitgleich – wie oben bereits erwähnt – ab 1257 kein Schneck mehr in den Traditionen von Tegernsee und Schäftlarn erscheint.

Das Wackersberger Viertel mit der Neuburg wurde wahrscheinlich von Gebhard von Hohenburg militärisch eingenommen.

Gebhard von Hohenburg war ein Mann, der seine Interessen und Rechte immer wieder mit Gewalt durchsetzte. Er scheint auch die Wackersberger Seite der Isar um diese Zeit (1250/55) unter seine Hoheit gebracht zu haben. Der Tölzer Geschichtsprofessor Johann Nepomuk Sepp berichtet hierüber in seinen ‚Kriegsthaten der Isarwinkler':

„Konrad der Tölzer [Bischof von Freising] *erwarb 1255 von Marschall Berthold von Schildberg Peißenberg mit den*

---

[132] Weißthanner (1953): S. 181, Nr. 182 inkl. Anm.

[133] Noch heute gibt es in Wackersberg unterhalb des Buchbergs einen Weiler „Schnegg" mit landwirtschaftlichen Anwesen (es könnte sich von der Lage her um den ehemaligen Besitz des im Tegernseer Urbar von 1289 genannten „Alber Snek" handeln). Auch als Hofname und bäuerlicher Familienname ist „Schneck", „Schnegg" usw. im Gebiet zwischen Tegernsee und Loisach öfters belegt (z. B. Schlehdorf, Karpfseestraße 5).

*dazugehörigen Höfen und gab sie ihm wieder zum Lehen.
Darüber brach die Fehde los und es kam zu Mord und Brand.
Gebhard von Tölz erhob den grimmigen Kampf über den
zuständigen Besitz [...] und drang [...] mit Sengen und
Brennen bis Peißenberg, mehrere Höfe gingen in Feuer auf.
[...] ‚Der wilde [...] Gebhard von Tölz‘, des alten unruhigen
Freisinger Bischofs Konrad von Tölz Neffe* [Anm.: richtig:
Bruder] *und eifrigster Anhänger, sengt und brennt 1259 noch
einmal um Peitting und den Peißenberg, wird aber genöthigt
zur Entschädigung und Genugtuung der Canonie Raitenbuch
sein Meierthum und die Vogtei zu Garmischgau abzutreten.
[...] Wie die Peißenberger-Fehde dem Kloster Raitenbach*
[Anm.: Raitenbuch] *Abbruch that, so ließ Gebhard seine
Übermacht auch an Schäftlarn aus, indem er gegen
Wackersberg Gewalthätigkeiten beginn. Alles, was er an
Aeckern, Wälder, Wiesen und anderen Besitzungen, die zu
besagtem Convent gehörten [...] gab er gleichwohl am
31. März 1257 auf Zuthun seines Bruders, Bischof Konrads
unter Vermittlung des Abtes von Tegernsee wieder heraus.“[134]*

Gut vorstellbar ist also, dass Gebhard von Hohenburg
um 1256/57 seinen vermeintlichen Nachbarn Schneck
auf der Neuburg militärisch überfiel und dessen ‚Besitz‘
einkassierte.

Aus den Veröffentlichungen von Prof. Sepp geht also
hervor, dass 1257 (wenige Monate nach den letzten
Erwähnungen der Schneck in den beiden Traditionen)
Bischof Konrad von Freising seinen Bruder Gebhard von
Hohenburg drängte, den gewaltsam eroberten Besitz auf
dem Wackersberg, der teilweise aus Schäftlarner Lehen
bestand und somit nicht gänzlich zum Allodialbesitz
(Privatbesitz) der Schneck gehörte, wieder an das
Kloster Schäftlarn zurückzugeben. Westermayer schreibt
hierüber:[135]

„Am 31. März 1257 errichtete der Bischof [Konrad von
Freising] *zu Tegernsee unter Vermittlung des dortigen Abtes*

---

[134] Sepp (1874): S. 22-23
[135] Westermayer (1871/1976): S. 34

eine Urkunde, worin Gebhart ‚fürchtend Gottes künftiges Gericht' versprach, auf dem von ihm gewaltsam besetzten Wackersberg ‚alles, was er an Aeckern, Wäldern, Wiesen und anderen Besitzungen, die zu besagtem Convernt [Schäftlarn] *gehören, gegen sein Gewißen besaß' an den rechtmäßigen Eigenthümer zurückzugeben.*"

Über die Rückgabe der Wackersberger Güter im März 1257 berichtet auch Glonner in seiner Chronik der Hofmark Hohenburg:

„1257 gab Gebhard von Tolnze einige Güter in Wackersberg, die dem Kloster Scheftlarn gehörten, welche er aber ungerechter Weise an sich gebracht hatte, zurück und versprach als Ersatz für eine Mühle fünf Talente zu erstatten. Er gab auch für einige zurückbehaltene Güter einen Hof in Gunzoltshausen, eine Leibeigenschaft und verhieß noch mehreres Anderes." [136]

Gebhard von Hohenburg hat also – nach Glonner – nicht alle eroberten Güter im Wackersberger Viertel an das Kloster Schäftlarn zurückgegeben. Somit könnte auch er die Neuburg an das Kloster Tegernsee (falls diese nicht schon von den Schellenbergern an Tegernsee übertragen wurde) übergeben haben.

---

[136] Glonner (1867): S. 43

14. Die Herren von Schellenberg in Liechtenstein

Wie oben bereits kurz angedeutet sollen Mitglieder der Schellenberger um 1200 von Lenggries aus ins heutige Liechtenstein eingewandert sein und dort eine Burg errichtet haben. Noch heute gilt diese Aussage in Liechtenstein als historischen Wahrheit, wie ein Blick in das online-Lexikon der Geschichte Liechtensteins unter dem Stichwort 'Schellenberg, von' verrät:

„Ursprünglich Ministerialen-, später Adelsgeschlecht. Die Ursprünge des Geschlechts liegen in Oberbayern: Ahnherr ist Friedrich von Gotzing, erwähnt 1098–1137, Ministeriale des Bischofs von Freising; sein Sohn, Friedrich I. von Schellenberg (erwähnt 1147–73), stand im Dienst des Bischofs von Freising und des Klosters Tegernsee. Seit 1200 treffen wir die Familie in Rätien an, wo sie auf dem Eschnerberg die Burgen von Schellenberg errichteten. Zuerst begegnen uns Adalbero als Mönch im Kloster Pfäfers (um 1200) sowie Heinrich, seit 1220 Domherr in Chur (†1227), und dessen jüngerer Bruder Konrad, seit 1215 als Domkustos in Chur (†1237). Der 1227 genannte Marquard, der den weltlichen Teil der Familie repräsentiert, blieb kinderlos; der 1265–67 erwähnte Marquard junior war sein Neffe; er war Schenk des Klosters Pfäfers. Auch spätere Familienmitglieder hatten das Schenkenamt des Klosters Pfäfers inne. An einer 1265 in Feldkirch ausgestellten Urkunde wirken u. a. Albert und sein Sohn Heinrich I. mit, dessen Besitz am Eschnerberg verkauft wurde, ebenso weiterer Besitz in Vorarlberg durch seine Witwe Guta von Wolfurt." [137]

Grundlagen für diese Aussagen dürften die Veröffentlichungen des Liechtensteiner Historikers Johann Baptist Büchel gewesen sein. Büchel schrieb

---

[137] Burmeister (2011)

1907 in seiner ‚Geschichte der Herren von Schellenberg‘ unter der Überschrift ‚Die Aeltesten von Schellenberg‘:

„In Oberbayern, an der oberen Isar, Länggrieß gegenüber, erhebt sich die Ruine einer Burg Schellenberg. Die Erbauung der Isarburgen soll in eine frühe Zeit zurückreichen [...]. [...] [Es] waren die Herren der Burgen, also auch die von Schellenberg, Dienstmannen der Grafen von Andechs und von 1248 an der Herzöge von Bayern. [...] Um das Jahr 1200, also zu der Zeit, als im Isartale der Name Schellenberg verhallte, taucht er in unserer Gegend auf und erhob sich am Nordabhange des Eschnerberges eine Burg mit dem Namen Schellenberg. Die Hügelkette selbst, auf der die Burg sich erhob, wurde von dem am südlichen Anhange gelegenen Dorf Eschen Eschnerberg, nie Schellenberg genannt. Ein Beweis, daß nicht der Ort, sondern die Erbauer der Burg der Burg den Namen gegeben haben. Eine Familie bewohnte diese Burg, die sich von Schellenberg nannte. [...] In der Familie von Schellenberg finden wir endlich auch die Erinnerung an Tölz erhalten, in dem um die gleiche Zeit, da der letzte Herr von Tölz [...] im Isartale starb, der Name Tölzer [...] in der Familie von Schellenberg auftritt. Das ist umso auffallender, weil sonst in keiner Adelsfamilie deutscher Zunge dieser Namen auch nur ein einziges Mal vorkommt. Er erscheint hier zuerst als Beiname, später erst als Vorname. [...] Laut Urkunde vom 15. Juli 1267 (Reg. 18) [erscheint] zu Feldkirch mit mehreren Rittern von Schellenberg [...] auch ein Ritter Marquard, genannt Tullezer. Dieser Marquard trat diesen Beinamen später seinem Sohne ab, der ihn aber als Vornamen führte. In Reg. 29 wird z. B. letzterer genannt ‚Marquardi filius dictus Tolznar‘ (des Marquards Sohn, Tölzer genannt).

Schon der Umstand, daß dieser Name regelmäßig mit der Beifügung ‚sogenannt‘, oder wenigstens mit dem Artikel ‚der‘ gesetzt wurde, beweist, daß er damals schon als ungewöhnlich gegolten hat und eine besondere Eigenschaft bezeichnen sollte. Durch vier Generationen finden wir ihn in dieser Familie beibehalten. [...] Der letzte Tölzer von Schellenberg starb im Jahre 1427. Interessant ist, daß 100 Jahre nachher ein Herr von Schellenberg durch Heirat wieder in den Besitz von Hohenburg [bei Lenggries] *kam.“* [138]

Der angesprochene *„Herr von Schellenberg, der durch Heirat wieder in den Besitz von Hohenburg“* kam, war Wolfgang von Schellenberg. Wolfgang von Schellenberg, geboren 1483, war der 4-fache Urenkel des oben erwähnten Marquard von Schellenberg, genannt Tölzer bzw. 3-facher Urenkel von dessen Sohn Tölzer von Schellenberg. [139]

---

[138] Büchel (1907): S. 8-12
[139] Wolfgang v. Sch., geb. 1483
Heinrich v. Sch., geb. 1441
Ulrich v. Sch., geb. ca. 1403
Mark v. Sch., geb. ca. 1360
Marquard v. Sch., geb. ca. 1334
Tölzer v. Sch., geb. ca. 1300
Marquard v. Sch. gen. Tölzer, geb. ca. 1260

Auch Stephan Glonner berichtet in seiner ‚Chronik der Hofmark Hohenburg' über diese Familie:

„Die Schellenberger Familie stammt aus dem alten Geschlechte der Scalamont; ihr Stammschloß ist Schellenberg nahe bei Feldkirch/Voralberg [heute Gemeinde Schellenberg in Liechtenstein] [...] 1522 am Freitag nach Martini war Wolfgang von Schellenberg durch seine Gemahlin Regina, geb. Maxlrain, in den sofortigen Besitz Hohenburgs gekommen. [...] 1554 im Jäner verkaufte Wolfgang von Schellenberg mit seiner Hausfrau das Schloß, Dorff und Hoffmarch Hochenburg und Lenggrieß an seinen Sohn Dionys von Schellenberg. [...] Zu Anfang des sechzehnten Jahrhunderts verehelichte sich Hans Herwart in Augsburg mit Helene von Schellenberg auf Hohenburg. Sie hatten drei Söhne:

    1. Hanns Heinrich
    2. Hanns Paul
    3. Hanns Jakob

Besitzer von Hohenburg wurde Hans Paul Herwart. Hanns Paul Herwart, der zweitgeborene Sohn des Hanns Herwart von Augsburg und der Helena geb. Schellenberg auf Hohenburg, war geboren 1519 und ist der Stammvater der Herwart auf Hohenburg." [...] *1566 am 25. Nov. verkaufte Dionys von Schellenberg an seinen Neffen, Herrn Hanns Paul Herwart von Augsburg [...] Besitzungen im Isarthal."* [140]

Diese beiden Texte bedürfen nun einer intensiveren Betrachtung bzw. einer kritischen Anmerkung.

---

[140] Glonner (1867): S. 82, 85, 91, 100, 103, 104

15. Gedanken und Anmerkungen

Zu Beginn dieses Aufsatzes habe ich darauf hingewiesen, dass ich aus verschiedenen Büchern, Veröffentlichungen usw. Informationen wie Puzzle-Teile zusammengefügt habe, die ein Bild ergaben. Dieses Bild scheint auf den ersten Blick sehr schön und deutlich zu sein. Doch gibt es bei genauerer Betrachtung einige Auffälligkeiten bzw. auch einige ‚nicht gut brauchbare Puzzle-Teile'.

So ist der Abschnitt über die frühen Schellenberger auf der Neuburg bei Lenggries nur als wahrscheinlich anzusehen. Sichere Belege hierüber haben wir nicht. Aber die Indizien lassen das oben Beschriebene als plausibel erscheinen, wobei die Aussagen von Westermayer, Glonner und Büchel auf Grund der fehlenden Quellenangaben durchaus zu hinterfragen sind.

15.1. Helene von Schellenberg

Glonner schreibt in seiner Hohenburger-Hofmarks-Chronik, dass Hans Herwarth von Augsburg mit Helene von Schellenberg auf Hohenburg verheiratet war und Dionys von Schellenberg die Hofmark Hohenburg später an seinen Neffen Hanns Paul Herwarth von Augsburg verkauft hat.[141]

Diese Aussage gilt heute als Teil der Lenggrieser Geschichte, hat sich aber nach meinen Erkenntnissen als unrichtig erwiesen. Helena von Schellenberg, die Ehefrau des Hans Herwarth, war nicht (wie bei Glonner erwähnt) die Tochter des Wolfgang von Schellenberg und seiner Gemahlin Regina, eine geborene von Maxlrain, sondern die Tochter eines Augsburger Apothekers namens Hans Schellenberger.

Die urkundlich belegte Mutter Helena des späteren Hohenburger Hofmarksherren Hans Paul Herwarth wurde am 15. Juni 1490 in Augsburg als viertes Kind der Apothekereheleute Hans Schellenberg**er** (nicht ‚**von** Schellenberg') und dessen Ehefrau Dietburg Riedler geboren und heiratete am 14. Juli 1512 in Augsburg als Apothekertochter den Hans Herwarth von Augsburg.[142]

Bezüglicher derer von Schellenberg auf Hohenburg gilt folgendes:

Im 15. Jahrhundert war Hofmarksherr auf Hohenburg Sigmund von Maxlrain. Er übertrug seine Hofmark ursprünglich an seinen Sohn Peter Paul von Maxlrain. Als dieser 1522 verstarb, erhielt seine Schwester Regina von Maxlrain – per Gerichtsentscheid – die Hofmark Hohenburg. Regina wurde somit die Hofmarkserbin.[143]

---

[141] Glonner (1867): S. 98
[142] Reinhard/Häberlein/Klinkert u. a. (2015): S. 731
[143] Glonner (1867): S. 80, 425

„Im Jahre 1492 starb er [Sigmund] *unter Hinterlassung einer Tochter namens Regina, welche den Edlen Hans von Pfeffenhausen ehelichte. Hans von Pfeffenhausen starb kinderlos 1509 und wurde zu Straubing* [...] *begraben. Seine Wittwe ehelichte den Marschall Wolfgang von Schellenberg des Herzogs Wilhelm* [von Bayern]*, dem sie das Schloß Hohenburg als Heirathgut zubrachte."* [144]

Aus der Ehe der Regina von Maxlrain mit Wolfgang von Schellenberg (oo 22. März 1510) gingen zwischen 1513 und 1533 14 Kinder hervor, wobei nur vier Kinder ein höheres Alter (über 25 Jahre) erreichten. Unter diesen 14 Kindern ist keine Helena![145]

Somit lagen – wenn man die Darstellung in der Glonner-Chronik überprüft – zwischen der Hochzeit der Eltern und der Hochzeit der vermeintlichen Tochter Helena nur 2 Jahre (1510 und 1512), was biologisch nicht möglich ist.

Die einzige Helena von Schellenberg, die augenblicklich auf Hohenburg nachgewiesen ist, dürfte um 1555 geboren worden sein und war eine Tochter des Dionys von Schellenberg. Diese Helena starb als junges Mädchen bzw. junge Frau um 1571[146] und passt somit mit ihren Lebensdaten nicht als Ehefrau Helena des Hans Herwarth.

Diese Helena von Schellenberg (geboren um 1555) wird fälschlicherweise oft (speziell in der Geschichte von Lenggries) mit der Helena Schellenberger, Mutter des späteren Hohenburger Hofmarksherren Hans Paul Herwarth, gleichgesetzt.

---

[144] Wiedemann (1856/57): S. 34
[145] https://gedbas.de/person/show/1039208486
[146] https://gedbas.de/person/show/1039208485

Auch führten die Schellenberger in Augsburg und die Herren von Schellenberg in Liechtenstein bzw. auf der Hohenburg unterschiedliche Wappen:

*Abb. 36 **Links:** „Augsburgische Erbare Geschlecht": Die Schellenberger (Siebmacher 1605, Tafel 214);*
***Rechts:** Von Schellenberg (heutiges Liechtenstein) (Zürcher Wappenrolle 1330-45)*

15.2. Westermayers Schellenburg

Wie bei Stephan Glonner müssen auch die Aussagen von Georg Westermayer in seiner ‚Chronik von Tölz' aus dem Jahre 1871 sehr kritisch hinterfragt werden.

Westermayer schrieb auf Seite 39:

„Auf dem linken Ufer der Isar, Hohenburg gegenüber, erhob sich, unvordenklichen Alters, die namhafte Veste Schellenberg. Der Sage nach war sie einmal mit der Hohenburg durch einen unterirdischen Gang verbunden. Die Schellenberger führten ihren Stammbaum auf das altfränkische Geschlecht der Scalamont zurück, und zählten zu ihren Ahnen einen der berühmten Ritter aus Karl des Großen Tafelrunde, den Burchard von Schellenberg.

Als Stammschloß dieses Geschlechtes gilt ein Schellenberg unweit von Feldkirch in Voralberg; wir haben jedoch Gründe, die uns vermuthen lassen, daß auch die Burg gleichen Namens an der Isar in das X. Jahrhundert hinaufreiche." [147]

Allein dieser Einstieg in Geschichte der Herren von Schellenberg zeigt uns, dass Georg Westermayer seine Ausführungen sehr ‚blumig' und ‚phantasievoll' ausgeschmückt hat. Daher sind auch seine Darstellungen noch einmal genauer zu betrachten.

Die erste Frage diesbezüglich lautet: *„Gab es im Isarwinkel eine Burg namens ‚Schellenberg' oder ‚Schellenburg'?"* Bereits 1931 schreibt der aus der Gemeinde Wackersberg stammende Kaplan Anton Bauer[148] zu dieser Frage in seinem gleichnamigen Aufsatz: [149]

---

[147] Westermayer (1871/1976³): S. 39
[148] Anton Bauer, geboren am 24. September 1901 in Steinbach bei Wackersberg; 1931 Kaplan in München.
[149] Bauer (1931)

„Meine Antwort auf diese für die Frühgeschichte des Isarwinkels interessante Frage lautet: So wenig es im Isarwinkel eine ‚Biberburg' gab, so wenig gab es einst eine ‚Veste Schellenberg' oder eine ‚Schellenburg' im Isarwinkel."

Anton Bauer hinterfragte um 1930/40 immer wieder äußerst kritisch und distanziert einige historische Aussagen von Prof. Sepp und Georg Westermayer zur Geschichte von Bad Tölz und seinem Umland und hat dies in ca. 120 Aufsätzen veröffentlicht.

Die Ergebnisse von Anton Bauer decken sich auch mit den Forschungen des Namenskundler Wolf-Armin von Reitzenstein von der LMU München (Herausgeber des ‚Lexikon(s) bayerischer Ortsnamen'). Dr. Reitzenstein hat in seinen Unterlagen *„nur den (abgegangenen) Burgnamen Neuenburg, so im Register von Tr. Tegernsee"*. Die Bezeichnung ‚Schellenburg' hat er ebenfalls nirgends archivalisch gefunden.[150] Auch nach meinen bisherigen Forschungen ist vor 1871 für die ‚Schellenburg' nur der Name ‚Neuburg' urkundlich belegt.

Die zweite Frage lautet nun: Wie kam Georg Westermayer zum Burgnamen ‚Schellenberg' bzw. ‚Schellenburg', der heute noch amtlich ist und zu dem weder Kaplan Bauer noch Dr. Reitzenstein einen Beleg vor dem Jahre 1871 finden konnten?

Aufschluss hierzu gibt ein Vortrag des Oberamtsrichters Anton Wessinger, Miesbach[151], gehalten am 1. Oktober 1895 vor den Mitgliedern des Historischen Vereins in Tölz mit dem Titel *„Heinrich von Schellenberg, der Tölzer"*.

---

[150] E-Mail-Korrespondenz vom 28.02.2023
[151] Wessinger (1895)

Aus diesem Vortrag geht hervor, dass sehr wahrscheinlich Georg Westermayer um 1871 die Theorie zur vermeintlichen Geschichte der Schellenburg aufgestellt hat und die Burg auch so nannte. 1877 übernahm diese Gedanken dann der aus Tölz stammende Geschichts-Professor Johann Nepomuk Sepp in seiner Veröffentlichung ‚Kaspar Winzerer'. Vier Jahre später (Anno 1881) erschien die Westermayer'ische Schellenburg-Geschichte dann in Franz Ludwig Baumanns Werk ‚Geschichte des Allgäus'[152]. 1892 veröffentlichte der oben genannte Redner Anton Wessinger seine *„prämierte Schrift"* ‚Beiträge zur Namens-Verbesserung der Karten des Deutschen Reiches' (herausgegeben im Auftrag der ‚Zentralkommission für wissenschaftliche Landeskunde von Deutschland'), die noch heute als moderner Nachdruck erhältlich ist.

Somit entsprachen die Ausführungen des Georg Westermayer bald dem damaligen wissenschaftlichen Kenntnisstand und wurden nicht mehr weiter hinterfragt, sondern – im Gegenteil – immer weiter publiziert. 1907 erschien dann die oben bereits angesprochen ‚Chronik von Liechtenstein' des Johann Baptist Büchel, die ebenfalls Georg Westermayer als Quelle nennt.

---

[152] Baumann untermauerte – laut Anton Wessinger – die Behauptungen von Georg Westermayer auch noch dadurch, dass er darauf hinwies, dass die Herren von Pienzenau ebenfalls nach Schwaben ausgewandert sind. [Baumann (1883-1895): S. 5/6 591

Wenn auch der Name Schellenburg eine ‚Erfindung‘ Westermayers[153] sein dürfte, so halte ich einen Zusammenhang zwischen dem Geschlecht derer von Gotzing-Schellenberg und derer von Neuburg, auf Grund der in diesem Aufsatz dargelegten Indizien für plausibel. Für die Beziehungen nach Liechtenstein sprechen auch die dort ebenfalls zusammenhängenden Namen ‚Schellenberg‘ und ‚Neuburg‘, sowie die späteren Vornamen ‚Tölzer‘. Auch in Vorarlberg und Liechtenstein sind die ‚Herren von Schellenberg‘ sehr eng mit einem Geschlecht ‚von Neuburg‘ geographisch und auch verwandtschaftlich verbunden.

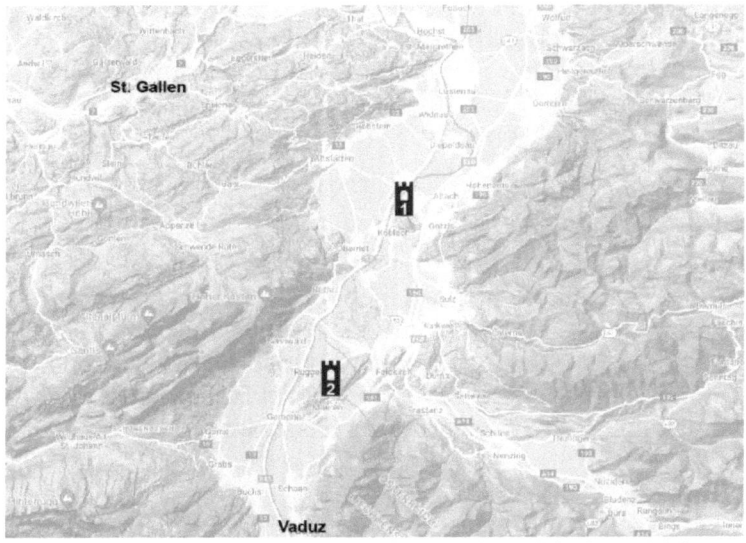

Abb. 37 1) Neuburg (Vorarlberg) 2) Schellenberg (Liechtenstein) (Karte: Google, GeoBasis-DE/BKG 2009)

---

[153] Vermutlich hatte Westermayer Hinweise auf frühe Herren von Schellenberg zu Neuburg, sonst hätte er sicherlich diesen Namen nicht gewählt. Es ist auch anzunehmen, dass er seine Theorie über den Vornamen ‚Tölzer‘ abgeleitet hat.

Für den Zusammenhang spricht auch, dass beide Geschlechter nahezu das gleiche Wappen haben:[154]

*Abb. 38 **Links:** von Schellenberg; **Rechts:** von Neuburg (Nuwenburg) (Zürcher Wappenrolle 1330-45)*

Damit wäre sehr wahrscheinlich nach einigen Generationen (Anno 1510) tatsächlich WIEDER einer aus dem Geschlecht derer ‚von Schellenberg' in den Isarwinkel zurückgekommen, wie Westermayer, Glonner, Büchel u. a. geschrieben haben.

Soweit meine Gedanken zur möglichen Geschichte der Neuburg oder Schellenburg bei Lenggries. Vielleicht ergibt ja mein „Puzzle" ein neues, ein anderes Bild und / oder regt zu weiteren Überlegungen bzw. Forschungen über diese Burg an?

---

[154] Vgl. Niederstätter (2015): S. 168

Quellen & Literatur

- **Acht, Peter** (1952): Die Traditionen des Klosters Tegernsee von 1003 bis 1242. München.
- **Apian, Philipp** (1568): Baierische Landtafeln. Bayerische Staatsbibliothek - Signatur: Hbks/F15b
- **Bammer, Stephan** (2007): Ey wer so schön sing' darin – Der Untergang der Hohenburg. Lenggries.
- **Bauer, Anton** (1931): Gab es im Isarwinkel eine Burg namens ‚Schellenberg' oder ‚Schellenburg'?; In: Heimatbote vom Isarwinkel (Beilage zum Tölzer Kurier), Jg. 5, Nr. 17; Stadtarchiv Bad Tölz, B 181.
- **Bauer, Reinhard** (2001): Herkunft und Bedeutung von Flurnamen am Beispiel der Gemarkung Hirtlbach. In: Amperland 1. Vj. 2001 Heft 1.
- **Baumann, Franz Ludwig** (1883-1895): Geschichte des Allgäus: von den ältesten Zeiten bis zum Beginne des neunzehnten Jahrhunderts. Band 2: Das spätere Mittelalter : 1268 – 1517; Kempten.
- **Baumann, Franz Ludwig** (1914): Das Benediktbeurer Traditionsbuch. In: Archivalische Zeitschrift NF, Band 20. S. 1-82.
- **Bayerische Vermessungsverwaltung / Landesamt für Digitalisierung, Breitband und Vermessung:** aktuelle Karten, Reliefkarten und historische Karten. https://geoportal.bayern.de/bayernatlas
- **Biller, Thomas** (1993): Die Adelsburg in Deutschland. Entstehung, Form und Bedeutung. München.
- **Bitschnau, Martin; Obermair, Hannes** (2012): Tiroler Urkundenbuch, Band 2 (1140 – 1200).
- **Bitterauf, Theodor** (1909): Die Traditionen des Hochstifts Freising, Band 2, München.
- **Böhme, Horst Wolfgang, et al.** (1999): Burgen in Mitteleuropa. Band 1 und 2. Stuttgart.

- **Büchel, Johann Baptist** (1907): Geschichte der Herren von Schellenberg. 1. Teil.
- **Burmeister, Karl-Heinz** (1980): Geschichte Vorarlbergs – Ein Überblick. Wien.
- **Burmeister, Karl-Heinz** (2011): „Schellenberg, von", Stand: 31.12.2011. In: Historisches Lexikon des Fürstentums Liechtenstein. https://historisches-lexikon.li/Schellenberg,_von [12.3.2023]
- **Buttinger, Sabine** (2004): Das Kloster Tegernsee und sein Beziehungsgefüge im 12. Jahrhundert.
- **Cori, Johann Nepomuk** (1899): Bau und Einrichtung der Deutschen Burgen im Mittelalter. 2. Auflage.
- **Datenbanken** [12.3.2023]:
  - https://gedbas.de/person/show/1039208485
  - https://gedbas.de/person/show/1039208486
- **Dopsch, Heinz** (1994): Österreichische Geschichte: 1122-1278, Die Länder und das Reich – Der Ostalpenraum im Hochmittelalter. Wien.
- **Dopsch, Heinz; et al.** (1999): Die Länder und das Reich: der Ostalpenraum im Hochmittelalter. Wien.
- **Flohrschütz, Günther** (1973): Die Freisinger Dienstmannen im 12. Jahrhundert. In: Historischer Verein von Oberbayern, Oberbayerisches Archiv, Band 97.
- **Flohrschütz, Günther** (1986): Die Dienstmannen des Klosters Tegernsee, Teil 1. In: Historischer Verein von Oberbayern, Oberbayerisches Archiv, Band 111.
- **Flohrschütz, Günther** (1988): Die Dienstmannen des Klosters Tegernsee, Teil 2. In: Historischer Verein von Oberbayern, Oberbayerisches Archiv, Band 112.
- **Glonner, Stephan** (1867): Chronik der Hofmark Hohenburg im Isarthal. *[Umschrift von 2017 in geschweiften Klammern Seitenzahl im PDF]*

- **Großmann, G. Ulrich** (2013): Die Welt der Burgen. München.
- **Holzfurtner, Ludwig** (1985): Klostergericht Tegernsee, Historischer Atlas von Bayern. München.
- **Holzfurtner, Ludwig; Sandberger, Adolf** (1993): Das Landgericht Wolfratshausen, Historischer Atlas von Bayern. München.
- **Katzameyer, Josef** (1989): Ein Streifzug durch die Vergangenheit. In: Lenggries – Ein Streifzug durch Vergangenheit und Gegenwart.
- **Keiblinger, Ignatz** (1851): Geschichte des Benediktiner-Stiftes Melk in Niederösterreich, Wien.
- **Losse, Michael** (2020): Kleine Burgenkunde. 11. Auflage.
- **Mathäser, Willibald** (1981): Chronik von Tegernsee
- **Meichelbeck, Carl** (1724): Historiæ Frisingensis. 1,1 ‚Prima Quinque Ab Adventu S. Corbiniani I. Episcopi Saecula, Seu Res Ab Anno Christi DCCXXIV. Usque Ad Ann. MCCXXIV'. Augsburg
- **Meyer, Werner** (1986): Burgen in Oberbayern. Würzburg.
- **Monumenta Boica Band 8** (1767)
- **Monumenta Boica Band 9** (1767)
- **Niederstätter, Alois** (2015): Geschichte Vorarlbergs, Band 1, Vorarlberg im Mittelalter. Innsbruck.
- **Oefele, Edmund von** (1877): Geschichte der Grafen von Andechs. Innsbruck.
- **Paula, Georg** (1994): Denkmäler in Bayern. Landkreis Bad Tölz – Wolfratshausen.
- **Piper, Otto** (1967): Burgenkunde. Verbesserter und erweiterter Nachdruck der 3. Auflage (1912). Frankfurt. Weidlich.
- **Regesta sive rerum Boicarum autographa Band 4** (1828)

- **Reinhard, Wolfgang; Häberlein, Mark; Klinkert, Ulrich u. a.** (2015): Augsburger Eliten des 16. Jahrhunderts – Prosopographie wirtschaftlicher und politischer Führungsgruppen 1500-1620.
- **Schinzel-Penth, Gisela** (2016): Sagen und Legenden um Tölzer Land und Isarwinkel. München.
- **Sepp, Johann Nepomuk** (1874): Die Kriegsthaten der Isarwinkler. München.
- **Siebmacher, Johann** (1605): New Wappenbuch – Band 1.
- **Ströber, Joseph** (1794): Beschreibung des Landgerichts Tölz. In: Westenrieder, Lorenz: Beyträge zur vaterländischen Historie, Geographie, Staatistik, und Landwirthschaft. Band 5. München.
- **Sturm, Josef** (1931): Die Anfänge des Hauses Preysing. München.
- **Ulrich, Jochem** (2001): Die Burg über dem Dorf – 700 Jahre Hohenburg.
- **Wegener, Wilhelm; Tyroller, Franz** (1962): Genealogische Tafeln zur mitteleuropäischen Geschichte, Genealogie des altbayerischen Adels im Hochmittelalter, Tafel 36. Göttingen.
- **Weißthanner, Alois** (1953): Die Traditionen des Klosters Schäftlarn 760–1305. In: Quellen und Erörterungen zur Bayerischen Geschichte.
- **Wessinger, Anton** (1895) Vortrag beim Historischen Verein in Tölz: Heinrich von Schellenberg, der Tölzer. Stadtarchiv Bad Tölz, B 181.
- **Westermayer, Georg** (1871): Chronik der Burg und des Marktes Tölz. Dritte Auflage (1976). Bad Tölz.
- **Wiedemann, Theodor** (1856/57): Die Maxlrainer. In: Historischer Verein für Oberbayern.
- **Wiedemann, Theodor** (1895): Die Pienzenauer. In: Historischer Verein für Oberbayern.

- **Zeune, Joachim** (1996): Burgen – Symbole der Macht. Regensburg.
- **Zeune, Joachim** (2015): Ritterburgen - Bauwerk, Herrschaft, Kultur. München.
- **Zürcher Wappenrolle** (1330-45): Schweizerisches Nationalmuseum. Signatur AG 2760.